Martina Lukits-Wally

Schnappschüsse superspezial

Außergewöhnliche Geschichten von **A bis Z**

VERLAG
BERGER

Copyright © Martina Lukits-Wally
www.lukits.at

Verlag Berger Horn/Wien
2. überarbeitete und erweiterte Auflage 2018
ISBN 978-3-85028-861-3

Druck: Ferdinand Berger & Söhne Ges.m.b.H.
3580 Horn, Wiener Straße 80

Umschlaggestaltung: Dipl.Ing. Alois Lukits
Coverbild: „Farbenspiel" von Mag. Martina Lukits-Wally

Inhaltsverzeichnis:

ABC-Vorwort.. 7

1. Teil: Schnappschüsse superspezial 8

Anna ade, Ärzte adieu!.. 9
Bergidyll.. 11
Cyberspace 13
Dieters drei Damen 14
Evas ereignisreiches Eheleben 16
Friedrichs Fahrkünste.. 18
Gustavs Garten.. 19
Hugos Heilung 20
Isabellas Immobilie.. 21
Jagdfreuden 22
Kleine Kriminalgeschichte... 23
Liebeslust – Liebesfrust 24
Modernes Märchen 25
Norberts neue Nachbarn... 27
Österliche Opferbereitschaft 28
Pfarrer Pfeiffers Probleme 29
Quizmaster Quast... 30
Roswithas „rätselhafte" Reise 31
Seitenblicke superspezial 33
Tatort Tanzkurs.. 36
Universum.. 38
Verhängnisvolle Verhältnisse 40
Wundervolle Weihnachtszeit 43
Xavers Xenia.. 46
Yvonnes Yogi 46
Zuckersüße Zeiten, zitronensaure Zeiten 47
ABC-Nachfrage 50

2. Teil: Männer! Mordshungrig, müde – mausetot!............... 51

Alberts allerletztes Abendmahl.. 52
Bernhards bittere Brotzeit... 53
Christians chloriger Cocktail 54
Daniels diabolisches Dinner 55
Emils endgültiges Essenserlebnis 56
Florians finaler Festtagsschmaus 57
Georgs gefährliches Geburtstagsgericht 58
Hermanns heimtückischer Heurigenbesuch........................... 59
Isidors irritierender Imbiss.. 60
Josefs jenseitige Jause.. 61
Konrads katastrophaler Kneipenbesuch................................ 62
Lothars letaler Leichenschmaus... 63
Manfreds makabres Mittagsmenü... 64
Nikolaus' narkotisierendes Nachtmahl 66
Ottokars obskures Orientalgericht 67
Peters peinigendes Picknick.. 68
Quirins qualvolle Quartierkost.. 69
Rolands rabenschwarzer Restaurantbesuch 70
Sebastians satanischer Sonntagsschmaus 72
Theophils teuflische Tafelfreuden 74
Umbertos ultimativer Umtrunk.. 75
Veits verflixte Vespermahlzeit.. 77
Wilfrieds wirkungsvolle Wirtshausschmankerl...................... 79
Xerxes' xegnete Xundheitskost 81
Zenos zigeunerhaftes Zechgelage 82

Außergewöhnliche Zusammenfassung 84

3.Teil: Werbung wirkt wunderbar! 85

Aktiwohl aktiviert Abwehrkräfte! 86
Bipathon! Besonders beliebt, bestens bewährt! 87
Chef-Centmenüs – coole Cuisine! 88
Daxe! Der Duft, der Damen dopt! 89
EEE: Energie energisch einsparen! 90
Fillagen füllt Falten! 91
Groß – größer – Grösser! 92
Harzkopf – hervorragender Haarpflege-Hit! 93
Igello! Iss irgendwas Intelligentes! 94
Ja! Jederzeit! 94
Klug kaufen! 95
Lorol liefert Lebensfreude! 95
McMonald's macht's möglich! 96
Nimm 9! – Nahrhaftes Naschen! 97
Ohrroth! Optimal offene Ohren! 98
Pfenny, Pfenny! Perfekte Preisbekämpfung! 99
Quellromania – quellfrisch quirlig! 100
Rumu resorbieren – rasch reagieren! 101
Schwuppi-Staubmagnet: Staub salü! 102
True Tornado! Traumhafte Toilettenreinigung! 103
Urmix – unübertroffen uurgut! 104
Vertrau Vinish, vergiss Verschmutzungen! 105
Womo wäscht wunderbar weiß! 106
Xornbach! Yippie yaya yippie yippie yeah! 107
Zoral Z! – Zahnarztsaubere Zähne! 108

4. Teil: Lauter liebe Leute! 109

Ärzte auf dem Krankenhausflur........................... 110
Im Café... 112
An der Bartheke 114
Köche 116
Verkaufsgespräch.. 118
Geistliche 120
Arbeitslose 122
Ehepaar in der Krise.. 124
Damenplausch beim Fleischhauer 126
Im Aufenthaltsraum eines Seniorenheimes 128
Drei kuriose Kurzdialoge..................................... 130

5. Teil: Weise Worte 131

Abendidylle... 132
Badefreuden 133
Denkanstöße.. 134
Facebook findet Freunde..................................... 136
Hoffen hilft.. 137
Im Irrgarten 139
Liebe 140
Lebensbaum... 141
Morgen, morgen... 142
Nächtliches Nachdenken...................................... 143
Wandertag 144
Waldviertler Wunderwelt..................................... 146

ABC-Vorwort

Achtung auf alphabetische Absonderlichkeiten!
Buchstäblich belustigende Buchstabenbehandlung!
Chaotische Charakterbeschreibungen!
Detailliertes Durchsuchen des Dudens!
Ein erfolgreiches erzählerisches Experiment!
Frisch-fröhliche Formulierungen!
Großes geistiges Geduldspiel!
Humorvolle heikle Herausforderung!
Irgendwie individuell interessant!
Jahrelanger journalistischer Job!
Komische komplizierte Kurzgeschichten!
Lies lieber langsam!
Merkwürdige menschliche Momentaufnahmen!
Nahezu nächtelanges Nachdenken!
Originell organisiert!
Phantasievolle Problempräsentationen!
Querverbindende Quellen!
Realistisches Resultat regelmäßiger Recherchen!
Sprachlich sehr schwierige Synonymsuche!
Tatsächlich tägliche tückische Textgestaltung!
Ungewohnte und unnatürliche Unterhaltung!
Viel Vergnügen!
Wirklich wortreiches witziges Wagnis!
X-mal xerographiert!
Youngsters, you'll yawn!
Zweifellos ziemlicher Zeitaufwand!

1. Teil

Schnappschüsse superspezial"

In 26 ungewöhnlich außergewöhnlichen Kurzgeschichten verteilt die Autorin etliche gesellschafts-
kritische Seitenhiebe, indem sie aktuelle Zustände und
Alltagssituationen von typischen Charakteren unserer
heutigen, manchmal ziemlich verrückten Zeit mit all
ihren Problemen, Ängsten, Schwächen, Lastern und
Leidenschaften satirisch humorvoll darstellt.

Seitenweise superspezielle Schnappschüsse!

**Ähnlichkeiten mit lebenden Personen
oder eventuelle Namensgleichheiten
sind nicht beabsichtigt, sondern rein zufällig!**

Anna ade, Ärzte adieu!

Allerlei ausgesprochen aufregende Abläufe änderten Annas ausgeglichenen Alltag abrupt:

Als allmächtiger Allah am 8. April Annas angetrauten 88-jährigen Arthur am Abend abberief, achtete Anna automatisch auf anstandsgemäße Abwicklung aller angebrachten Angelegenheiten. 68-jährige Anna agierte äußerlich apathisch, aber auch aufgeregt angespannt.

Als am 18. April auch Arthurs 80-jähriger Aravogel Adi altersbedingt ablebte, ächzte Anna äußerst alarmierend: „Ach! Anna als Allerletzte anwesend! Alle Allerliebsten abgekratzt! Anna auch alsbald am Absterben!"

Alleine, ausgelaugt, angeschlagen, appetitlos, außerstande, alltägliche Aktivitäten auszuüben, aktivierte Anna am 28. April anderweitiges auferlegtes Ärgernis: Aus Achtlosigkeit auf alter Außentreppe abwärts ausrutschend äußerte Anna aufstöhnend: „Aua! Auweh!"

Auf Anraten aller Anverwandten absolvierte angeknackste Anna anschließenden ambulanten Arztbesuch.

Auszug aus ärztlichem Attest: *Arm ausgerenkt, akute Arthritis, Atemnot. Ansprechbar, aber abnorme Angstneurose!*

Alle augenblicklichen aufreibenden Alltagssorgen, aufgestauten Anspannungen, Aufregungen, Anforderungen ängstigten arme Anna aufs Äußerste!

Aufgesuchter Arzt analysierte Annas arg angegriffenen Allgemeinzustand, alle auffälligen Anzeichen ausführlich aufzählend, an Anna angepasste Abhilfe ankündigend. Allerneuestes Antidepressivum aufschreibend, appellierte angeheiterter Arzt an Anna, aussichtsreiche Arznei auch absolut aufzubrauchen, andernfalls – Anna alsbald angewiesen aufs Altersheim!

„Aha!", antwortete Anna artig, aber argwöhnisch, auffallend aufrecht abmarschierend.

Anderntags analysierte Anna akribisch anliegende Arzneibeschreibung absatzweise: *Achtung! Antidepressiva aktivieren auch abträgliche Auswirkungen auf Allgemeinzustand: Appetitlosigkeit, Angstgefühle, Alpträume, Atembeschwerden, Asthmaanfälle, Allergien, Akne, Afterjucken, Abszesse, Aggressionen, Appendixentzündung, Arterienverkalkung, Anämie, Amnesie, Alzheimer. Außerdem absolut anregendes Allheilmittel – aphrodisisch äußerste Aktivität auslösend!*

Alle aufgelisteten Auswirkungen alarmierten Anna außerordentlich.

„Allmächtiger! Absurd!", ärgerlich atmete Anna aus. Angeblich anregendes Allheilmittel ausprobieren? Also, am allerwenigsten Anna! „Ausgeschlossen!", argumentierte Anna, abschreckenden Arzneizettel angewidert ad acta ablegend, ausgezeichneten Amaretto andächtig ausschlürfend.

Alkoholisch animiert arbeitete Anna augenblicklich alle Ängste ausnahmslos alleine auf, achtete allererstens auf akkurate Ausführung aller anfallenden Aufgaben, akzeptierte – allmorgendlich ausgeschlafen aufwachend – anstandslos allfällige Altersbeschwerden, antwortete angeregt auf alle Anfragen Annas Allgemeinbefinden anbelangend: „Ausgezeichnet! Auch arzneilos äußerst agil!"

Allerletztens amüsierte aktive Anna alle Anverwandten, ausgiebiges außergewöhnliches Abendmahl arrangierend. Ausgelassen ärgerte Anna anschließend alle Anwesenden, augenzwinkernd abenteuerliche Abwechslung ankündigend: „Alles Angesparte abgehoben. – Ätsch! Anna alsbald auf ausgedehnter Auslandsreise: Ägäis, Ägypten, Amerika, Argentinien!"

Also, alle Achtung, Anna! Anna ade, Ärzte adieu! Apropos: Anna alterte ärzte- als auch arzneilos, augenblicklich auffallend ansehnliches Alter – 88! – anstrebend.

Allerhand!

Bergidyll

Benno, Berichterstatter beim bäuerlichen Bezirksblatt, besonders begeisterter Bergwanderer, bot blauäugiger blonder Busenfreundin Bärbel behagliche Bergtour bei Bischofshofen.

Bedächtig beschritten beide bequemen Bergpfad, begegneten behänden Bergziegen, beobachteten Buntspechte, Blaumeisen, Bussarde. Bergan begeisterte beide beschauliches Bergidyll: berauschende Bergluft, bezaubernde Bilderbuchlandschaft, blühende Bergblumenpracht!

Bärbel betrachtete Bienen bunte Blüten befruchtend, Benno beeindruckte besonders bizarres Bergmassiv. Bald badeten beide beherzt beim bitterkalten bläulichen Bergsee bis Benno brummte: „Bärenhunger!"

Beim bekannten Berggasthof „Bergkristall" bestellte Benno bodenständige Brotzeit: bestes Bauernbrot, Butterkäse, Bohnensuppe, Blunzengröstl, Bratwurst, Bauchfleisch, Bier, bekömmlichen Beerenkuchen, Buchteln, bärtigen Bergwirts beliebten Birnenschnaps!

Bedeutungsvolle, betörende Blicke begleiteten begehrenswerte Berührungen, bevor beide beschwipst Betten buchten, bald bumsten bis Bergwirts billiges Bettgestell brach.

Brüchiger Bettpfosten brach bedauerlicherweise Bärbels Bein, Benno bekam beträchtliche Beulen, beglückende Beziehung bereits bitteren Beigeschmack!

Bissiger Bergwirt befahl beiden bitterböse beleidigt: „Beschädigte Betten bezahlen!"

Brüskiert brüllte Benno beinhart: „Blödsinn! Bin beim Bischofshofner Bezirksblatt! Beschreibe bestimmt bedrohliche Betriebsbedingungen beim Berggasthof, belastende Bilderbeweise beifügend! Betitle Beschwerdebericht: *Berggasthof Bergkristall – brüchige Bretterbude!"*

Beunruhigt befürchtete besagter Bergwirt betriebsstörende Bloß-stellung. Bislang besaß bestrenommierter Berggasthof beson-deren beliebten Bekanntheitsgrad! Besser bereitwillig beigeben!

Beschämter Bergwirt blickte besorgt, bedauerte buckelnd be-schissene blöde Begebenheit, bezahlte Bärbels Beinbehandlung bar, bemerkte brav: „Baldige Besserung!", betonte bevorste-hende Bestellung brandneuer Betten, beschloss bedrängt bevor-zugte Bewirtung beider, beziehungsweise Berggasthof-Beteili-gung Bennos!

Bennos Bezirksblatt berichtete beeindruckt:
Beliebter Berggasthof Bergkristall! Beruhigende Bergidylle! Blitzschnelle Bedienung! Beste biologische Bewirtung, behag-liche Beherbergung! Belastbare bequeme Betten! Begeisterte Besucher bleiben befriedigt!

Bemerkenswert beispielhaft!

Cyberspace

Carmen, chice colorierte Chansonsängerin, chartert chromgelben Cadillac. Charmanter capresischer Casanova Cäsario chauffiert couragiert: Cuxhaven, Chiemsee, Comersee, Cannes, Cordoba. Cocktails, Cognac, Campari, Champagner, Chianti – „Cheerio!"
Cremefarbenes Chiffoncocktailkleid, Collier, Chincillacape, Cabaret, Club – Calypsotanz, Charleston, Cha-Cha-Cha.
Casino, Canasta – „Caramba!" Cashflow!
Clinch: Croupier Claudio contra Casanova Cäsario! Claudio chloroformiert! Charismatische Carmen, cleverer Casanova Cäsario – Chance! – Chalet! Chateau – Cave Canem!

Cut! Christian checkt Chipkartenbezahlung, chiffriert Computercode. Chaos! Computervirus?
Countdown. Charakterdarsteller-Change:

Curryfarbener cholerischer Chinese Cin-Cang chartert computergesteuerte Concorde: Chicago, Chile, Casablanca, Cheopspyramide.

Christian choreographiert Covergirl Carmens Comeback: *Coca Cola, Cockpitcouch. Casanova Cäsario catcht chaotisch contra Concordcaptain Cin-Cang! Crash! Concorde chemisiert! Christliche Choralgesänge!*

Cooles computeranimiertes Cyberspacespiel!

Dieters drei Damen

Der dynamische dreißigjährige Dachdecker Dieter, dieser dreiste Draufgänger, durchkostete diskret dreierlei Damenbekanntschaften: Dagmar, Doris, Daisy.

Dienstagabends drückte Dieter durstig diese dralle, dekolletierte Dorfschönheit Dagmar: Diskodancing, diverse diabolische Drinks, danach delikates Dinner, dann dazugehöriges Dessert. Da Dienstagnacht deftig durchgefeiert, durchlief Dieters Dämmerung dermaßen düster, dass das Dachdecken deswegen deutlich danebenging.

Donnerstagnachts dressierte die dominante dunkeläugige Doris den devoten Dieter, der dreimal duschen durfte, daraufhin Doris Dessous durchschneiden. Daneben das daunenweiche damastbezogene Doppelbett. Domina Doris deutete dorthinein, drinnen Dieter dirigierend: „Dakapo! Dalli, dalli!"
Doch danach desolate Dächer demontieren, deformierte Dachrinnen dichten?? Dieses dauernde Desaster!!

Dennoch dekorierte daheim die dunkelblonde Daisy Dieters Dachwohnung – dezentes duftendes Dummerchen, derart duldende Dienerin, damit Darling Dieter dableibt.
Doch den dummen Dieter drängten dienstags Dagmar, donnerstags Doris, dazwischen Daisy derart, dass Dieters Durchstehvermögen degenerierte. Dieter dachte damals dutzendmal: „Du dämlicher Depp, du! Du drehst durch! Durchatmen! Distanziere dich!" Denkste!

Dienstag, 3. Dezember, dreiviertel drei: Dieter dämmerte dahin: Drastische Drüsenschwellungen, dazu Durchblutungsstörungen durchkreuzten dessen Dienstplan, doch dramatischer – Dagmars delikate Dienstagnacht desgleichen!

Dank dieser dreijährigen durchgehenden Dreifachbelastung destruktiv durcheinandergebracht, drohte diesem depressiven Dickschädel diesmal Dienstuntauglichkeit!

Der düster dreinblickende Doktor diagnostizierte detailliert: „Dachschaden durch Dauerstress! Diätkost! Dringend Damenbekanntschaften dezimieren!"
Da Daisy derweil dermaßen drängelte: „Diamantring, Dieter-Darling!", durchbrach dieser daraufhin definitiv die dreifachen Dauerdates. Donnerwetter!

Derzeit demonstriert Dieter demütig diese drei Dinge: Dienstagabends drei Damespiele, donnerstagnachts drei Dominospiele, dazwischen dressiert Dieter daheim die dreijährige dunkelbraune Dackeldame Daisy, die drollig dreinblickend Dieters Dasein deutlich dominiert.

Danke, Daisy!

Evas ereignisreiches Eheleben

Einige etwas eigenartige Erlebnisse erweiterten Evas eheliche Erfahrungen:

Eva, ein entzückender erotischer Engel, ehelichte erstmals 21-jährig Egon, einen erfolgreich erwerbstätigen Elektriker. Eingangs erschien Evas erste Ehe einmalig, einträchtig, ewig. Eva erlebte ein einzigartiges Eheglück!

Einstweilen erprobte Egon emsig Ecstasy, er entwendete ebenso Evas Erspartes! Eva erwischte Egon, er erpresste erfolglos Evas Eltern, Elektrikfirma entließ Egon, er erlitt explosive Entzugserscheinungen. Eine ernüchterte Elendsgestalt erschreckte eine erstarrte Eva.

Entsetzlich enttäuscht entschied Eva energisch: „Es erfolgt endgültig eine Ehescheidung!"

„Einverstanden!", erwiderte Esel Egon.

Erheblich erleichtert erreichte Eva ein einvernehmliches Ende einer einjährigen erbärmlichen Ehe.

Einigermaßen erholt entdeckte Eva ehebaldigst einen Ersatzmann. Ein eleganter eitler Ecuadorianer erregte eifrig Evas Enthusiasmus, erweckte ekstatische Emotionen, entfachte extreme explosionsartige Erregungen. Entzückt ehelichte Eva eiligst Emanuelo.

Er erblickte exotische Esmeralda, entflammte enorm. Ehe Eva es erfuhr, empfing Esmeralda erwartungsgemäß eine Emanuela. Eva empfand entsprechende Eifersucht, entschloss erzürnt, empfindlich eingeschnappt, eine erneute Ehescheidung. Eine exzessive Episode endete ebenfalls eindeutig.

Endlich eroberte einsame 31-jährige Eva einen englischen extravaganten Edelmann – Earl Edward. Eventuell ein erneutes Ehe-Experiment? Effizient! Exzellent!

Er ermöglichte erwartungsvoller Eva eine echt eindrucksvolle Existenz: ein ertragreiches Einkommen, ein entsprechend exklusives Eigenheim, exquisite Edelsteine, einschließlich erheblichen Erbanspruchs!

Eva erwarteten einige erfreuliche Erlebnisse, ehe Edward eine erschreckende ernsthafte Erbkrankheit einholte – Epilepsie!

Eine ebenfalls entstandene Embolie erlöste entkräfteten Earl Edward endgültig.

Entscheidender Endeffekt: Eva erbte enorm!

Friedrichs Fahrkünste

Friedrich, furchtsamer Fußgänger, führerscheinloser Faulpelz, findet fahrzeugtechnischen Fortschritt fürchterlich. Friedrichs Frau Friederike, forsches fünffaches Familienoberhaupt, fordert fortwährend: „Führerschein fällig! Fahrzeug fehlt!"
Friedrich folgt friedliebend, freilich fraglos frustriert.
Fahrlehrer Franz fixiert Friedrichs Fahrstunde für Freitag frühmorgens. Fahrschulautos Frostschutzmittel fehlt, folglich friert frostiger Frühnebel Fiats Fensterscheibe. Fürchterlich frierender Friedrich fällt freistehende Fichte, fortrollende Felge flitzt flussabwärts! Friedrich flieht feige, Franz flucht fassungslos.

Fortan folgt fader Fahrschulbesuch: fremde Fachausdrücke, fortlaufende Fachsimpeleien, finstere Fakten, formelle Formulare. Fachkundiger Fahrlehrer Franz findet fairerweise: „Führe festigenden Fahrunterricht für Friedrich fort!"

Für Friedrichs folgende Fahrstunden fehlt fürwahr Fortunas Freundschaft. Friedrich fabriziert fortlaufend folgenschwere Fahrfehler: falsche Fahrtrichtung, folglich Frontalzusammenstoß, fünfmal Falschparken, fast fatales Finale für flüchtende Fußgänger!
Friedrichs flotte Fahrweise fordert fünf Fasane, fünfzehn Frösche, ferner flinke Feldhasen. Friedrich fährt fehlsichtig, fehlerhaft, farbenblind, – faktisch furchtbar!
Freilich folgert fix-fertiger Fahrlehrer Franz fuchsteufelswild, falls Friedrich fahrlässiges Fahrverhalten fortsetzt, folgt fraglos Fahrverbot!
Freudloses Fazit: Fahrprüfung fehlgeschlagen! Friedrich fahruntauglich! Frustriert fragt Friedrichs Frau Friederike: „Fahrräder für fünf??"

Folgt fiktive Fortsetzung? – Fragwürdig!

Gustavs Garten

Gustav gehörte großflächiges glanzloses Grundstück. Gustavs geschicktes gärtnerisches Gespür garantierte ganz geschwind großartig gelungene Gartengestaltung: große gepflegte Grasfläche, Gänseblümchen, Glockenblumen, geschützte Graslilien, gelber Ginster, großblütige Gladiolen, geschnittenes Gebüsch, genial gestaltete Gemüsebeete, grüne Gurken, großgewachsener Grünkohl, gesunde Gartenkräuter, gute Gewürzpflanzen, gigantische Granatapfelbäume.

Gustavs geschmackvoll gestalteter Garten gedieh gewaltig! Großangelegter Gartenteich glitzerte, Goldfische glänzten, Gartenzwerge grinsten. Gediegene Gartenwege, goldfarbene Gartenlaternen, gemütliche Gartenlauben gaben Gustavs Garten gebührenden Glanz. Gustav gärtnerte gerne, geduldig, grub gut gelaunt, goss gewissenhaft gründlich – ganztags, ganzjährig.

Gleichzeitig genoss Gustav genügend Grillengezirpe, Grünspechtgezwitscher, gelegentliches Geschnatter gackernder Gluckhennen, Graugänse, Goldfasane. Gefiedertem Getier gefiel Gustavs gedeihender Garten gut!

Gutaussehende Gerlinde, gleich gegenüber, gratulierte Gustav gefühlvoll: „Gut gemacht! Glückwunsch! Grandiose Gartenarbeit geleistet!"

Gustav – großer Glückspilz, ganz gewiss! Gustav, genau genommen gewaltiges Glück gehabt, – gestern Gerlinde geehelicht! – genießt gerade geruhsam grünendes Gartenglück.

Göttergattin Gerlinde gärtnert glückstrahlend – glücklicherweise!

Hugos Heilung

Hypersensibler Hypochonder Hugo hatte häufig heftiges Herzklopfen, horrende Hüftschmerzen, hochgradige Halsentzündung, hinderlichen Harndrang, hartnäckige Hustenanfälle, hormonell hervorgerufenen Haarausfall, heimtückischen Heuschnupfen, höllisches Hautjucken, haarsträubende Halluzinationen! Herrje!

Hübsche Haushälterin Hilde holte hilfesuchend hiesigen Hausarzt herbei. Halbstündlich hinuntergewürgte herkömmliche Heilmittel halfen höchstens halbherzig, hinterließen Hugos hypochondrische Hauptprobleme: Hundemüder Hugo hüstelte hinterher heftiger, heulte hysterisch, hinkte hartnäckig, haderte höhnisch, hänselte Hilde, hatte Hirngespinste, Heidenängste!
Hilfloses herumnörgelndes Hascherl!
„Höchstwahrscheinlich hilft Hospital! Herrgott holt Hugo hoffentlich hurtig himmelwärts!", hauchte Hugo heuchlerisch. Heiliger Himmel!

Händeringend handelte hieraufhin häusliche Hilde, hastete hinaus, hastete herein, holte hausgemachte Hühnerbrühe, heilsamen Haferbrei, hervorragenden Holundersaft, herzstärkenden Honigwein, heißen Hagebuttentee, herbe Heidelbeeren, homöopathische Heilpflanzen, – Hugo hundertprozentig hochpäppelnd.

Hernach herzte humorvolle Hilde hitzköpfigen Hugo hoffnungsvoll Händchen haltend. Hokuspokus! Hildes hingebungsvolle heldenhafte Hexerei half haushoch! Hospital hinfällig! Hilfsbereite Hilde heilte halsstarrigen Hugo hinterlistig.
Hocherfreut, heilfroh, happy heiratete hyperaktiver hochspringender Hugo höchstpersönlich Hilde!

Hurra! Hundertmal Hoch!!!

Isabellas Immobilie

Isabella, ideenreiche Innenarchitektin, ist irgendwie immens italieninteressiert. Insgeheim ist Isabellas Intention: Investieren in irgendeine Immobilie in Italien!

Insbesonders informatives Inserat in ihrer Illustrierten ist intuitiv irre interessant:

Insidertipp! Ideale imperiale Immobilie in Italien!

Inmitten Insel Ischia, inklusive Inventar, immergrüner Innenhof, immerfort instandgehalten, Internetanschluss inbegriffen, internationale industrielle Integration. Ich impliziere Ihnen idyllische italienische Impressionen! Ihr Ingo-Immobilienbüro!

Italienischer Immobilienhändler Ingo imponiert Isabella instinktiv. Infolgedessen irrsinnig inspiriert, inspiziert Isabella ihre italienische Immobilie.

Inhaltlich inkorrekte Informationen indignieren Isabella immens: Ihre interessante Immobilie ist inakzeptabel, indiskutabel, intolerabel, isoliert irgendwo im Industriegebiet! Irre Insektenplage ist in ihrer „idyllischen" Immobilie integriert! Igitt!

Immobilienhändler Ingo ist impertinent, indiskret, impulsiv, intensiv intim! Insofern irregeführt, ignoriert Isabella irritiert ihr italienisches illusorisches Intermezzo.

Inzwischen interessieren Isabella Immobilien im Inland. Instinktiv imponieren ihr informative illustrierte Inserate im Internet: *Ideale Investition! Imposante Immobilien – in Innsbrucker Innenstadt, in Ischgl, in Imst, in Illmitz, in Innergschlöß, in Inzersdorf…!*

Irgendwann, irgendwo, irgendwie investiert Isabella in ihre individuelle Immobilie!

Immobiliensuche ist immerhin irrsinnig inspirierend!

Jagdfreuden

Jäger Jakob, jugendlicher Junggeselle, jagte jahraus, jahrein jenseits Jakobs Jagdgründen Jungtiere. Jakobs junger Jagdhund Jockl jagte Jungvögel jederart.
Jagdeifrig jauchzte Jakob: „Juchhu, juchhe!", jausnete Jagdwurst, Jagatee.

Jedoch jüngstens juckte jäh Jakobs jadegrüner Janker. „Jemine!", japste Jakob: „Juckpulver! Jux? Jammerschade!" Jockl jaulte jammervoll.

Jemand – Jagdaufseher Jochen – judizierte jovial Jakobs Jagdfrevel. Jakob jammerte, Jochen jubilierte!

Jahresausklang, Jagdzeit! Jetzt jagt Jakob jenseits jenes Jagdreviers Jochens Johanna, Jakobs Jugendliebe.

Junges Jagdglück jederzeit! Jakobs Jagdhorn jubiliert, Johanna jodelt, Jockl jausnet Jagdwurst.

Ja, jedenfalls jubelt jetzt Jakob, Jochen jammert.

Kleine Kriminalgeschichte

Karwoche – Kurznachricht: *Kriminalitätsrate kulminiert!* Knifflige Kriminaldelikte konfrontieren Kommissar Krause, kopfschüttelnd Kaugummi kauend: kühner Kleintransporterdiebstahl, kapitaler Kircheneinbruch, kaltschnäuziger Kiosküberfall, katastrophales Klappmesserattentat!
Krimineller Kerl killte kaltblütig kräftigen Kneipenwirt! Kaplan Klemens k.o., Kieferbruch, Klinikaufenthalt, künstliches Koma! Kioskbesitzerin Klothilde – kleine Kopfwunde, Kreislaufkollaps. Kameraüberwachung kurzgeschlossen – keinerlei Klärung!
„Kostümierter Koloss knackte Kioskkasse!", klagt kränkelnde Klothilde. Konfuser Kirchendiener Karl kann Kirchenraubgegenstände komplett konkretisieren: kostbare Kruzifixe, Kerzenständer, Kristallvasen, Klingelbeutel, kunstvolle Kupferstiche!

Kommissar Krause konkludiert: Kaplan Klemens könnte Kriminellen kennen! Kaplan, kluger Kopf, keineswegs kleinzukriegen, kann – kürzlich kuriert – kriminelles Konterfei kundgeben: Knollennase, korpulent, kämpferischer Kraftprotz, kaffeebrauner Kurzhaarschnitt, kohlrabenschwarze Klamotten, Kettenraucher, kräftiger Käsekrainer-Knoblauchgestank.
Klasse! Kommissar Krause kombiniert konzentriert: Kneipenkellner Kuno krankgemeldet! Kolossale Körperfülle, korrupt, knallhart, kurzzeitige Knastaufenthalte, Kokshandel, krumme Kreditgeschäfte, klammheimliche Kasinobesuche.
Klar! Kellner Kuno killte Kneipenwirt, klaute Kirchenkunstgegenstände, Kassengeld, Kleintransporter.
Kompliziertes Kernproblem: Keiner kann Kuno kriegen! Konnte Kuno Kurve kratzen, kurzerhand Katamaran kaufen, kerngesund, kreuzfidel Karibik kreuzen?

Kontinuierliches kriminalistisches Kapitel !

Liebeslust – Liebesfrust

Lediger lebenslustiger Leonhard lustwandelte letztens lange: Lasterhafte Lokale, leuchtendes Laternenlicht, lustige Live-shows, lustvolle Lebedamen, literweise Longdrinks, lauwarmes Lagerbier, lallende Lockvögel.

Listiges liederliches Luder Lola lockte, lächelte, lauerte: langbeiniges Liebchen, langhaariger Lockenkopf, lila Lackstiefel, luftiger Ledermantel, lindgrüner Lidschatten, leuchtendroter Lippenstift.

Leonhards Libido loderte lebhaft! Lola lispelte lustvoll leise: „Liebster, leg' los! Lass Liebe leben!"
Leonhard legte los – luxuriöse Leckereien, Lachs, Langusten, langstielige Lilien. Lambrusco leerend liebkoste lüsterner Leonhard Lola liebevoll – lange lohnende Liebesnacht lockte!

Leider litt letztendlich Leonhards leichtsinniges Liebesabenteuer.
Leonhards leidenschaftliche Liebelei lautete lustigerweise LUDWIG!!

Modernes Märchen

Monatelang malte menschenscheuer Mittdreißiger Maximilian mechanisch mannigfaltige Motive: manchmal märchenhafte minuziöse Miniaturbilder, massenweise Madonnenbilder, mehrfach mediterrane Meeresstrände, menschenleere Meeresbuchten mit Möwen, Muscheln, malerische Mühlen mit Mühlbächen, mystischen Mondenschein, mannigfach monotone Magnolien, Mohnblumen, Margeriten.

Montagmorgen malte Maximilian mühsam, manch Malmotiv missglückte mehrmals – miserables Malheur! Möglicherweise Midlifecrisis? Massive Minderwertigkeitskomplexe?
Mutlos, mit mürrischer Miene, murmelte Malkünstler Max missgelaunt: „Mich macht meine Malerei momentan maßlos müde, matt, melancholisch, möglicherweise mittellos! Meine Mitmenschen missachten meine Meisterwerke!"
Madonnenmodell Mona, Maximilians Muse, massierte müden Miesmacher Maximilian mitfühlend, machte munter mit Mokka, Mixgetränken, mitreißender Musik, Meditation, modernisierte Maximilians mickriges muffiges Malatelier.
Missmutig mied Maximilian Monas Motivationsversuche.

Mittwochabend meinte Mona: „Menschenskind! Man muss mehr modern malen, möglichst meschugge, monströs, mutig, mysteriös!"
Mit misstrauischer Miene maunzte Maximilian: „Meinetwegen! Mona Mäuschen, musst mich managen, musst mir Mut machen, musst manchmal mitmalen!"
Muse Mona mischte morgens meistens mancherlei Modefarben, modifizierte Maximilians Malmethode mit mehrerlei magischen Malmaterialien.
Mittags modellierte Meister Maximilian munter mehrfarbige Mosaikbilder, malte mühelos magersüchtige Mannequins, mar-

kante Muskelmänner, meterhohe Müllberge, maisgelbe Monster, marineblaue Melonen, makabre Mumien.

Momentan machte modernes Malen Maximilian merklich Mordsspaß! Merkwürdige Malmotive? Mitnichten!

Mona machte Mundpropaganda, moderierte Mediensendungen, mailte Mäzenen, Museen, mobilisierte Meetings.

Mitgerissene Menschenmengen mochten mittlerweile Maximilians Malerei!

„Meisterleistung! Marktlücke! Megacool!", meinten mehrheitlich millionenschwere Mitbürger.

Mitunter multidimensionale mehrdeutige Monumentalwerke magnetisierten Museumsdirektoren, Minister, Mediziner.

Modernes Märchen!! Mittendrin Maximilian – meistens multimedialer Mittelpunkt mithilfe Monas mühevollen Managements!

Maximalgebote, Millionenaufträge, Museumsangebote multikultureller Metropolen modifizierten Maximilians Menschenleben maßgeblich – mit modernen Maßanzügen, mächtigem Mercedes, märchenhaftem Marmorschlösschen!

Merci, Mona!

Norberts neue Nachbarn

9. 9., Nachmittag: Norberts neue Nachbarn, Neuvermählte namens Neubauer, nahten! Norbert nickte netterweise nachbarschaftlich, nur Neubauers nahmen nicht Notiz. Naserümpfend nuschelte Norbert nebenbei: „Neandertaler!"

Niedergelassen nervten Neubauers nonstop: Nepomuk Neubauer nagelte nachmittags nebenan nervtötend, Nebenräume neukonstruierend, Nebenanschlüsse neugestaltend. Naturblonde niedliche Nadja narrte neckisch neugierigen Norbert, naturverbunden, nahezu nackt, Narzissenbeete nivellierend.

Norberts Nachbarn nervten nicht nur nachmittags, nein! Noch nachts – nervenzermürbende Negermusik, Nachtklubstimmung! Nachher nachtwandelten nimmermüde Neubauers nicht nüchtern, Nachtruhe nachweislich nichteinhaltend!

Narrenhaus! Nicht normal! Niederträchtig! Narkose nötig! Niedergeschlagen nahm nervöser Norbert notgedrungen neun Nervenberuhigungsmittel, nannte Neubauers nachtragend „niveaulose Narren", „naive Nachtgespenster".

Neubauers nannten Norbert „Neider", „Nörgler", „Nullerl"!

Notwendiger Notar notierte Norberts nachweisliche Notlage, nötigte Neubauers nachdrücklich nachzudenken, neuerliche Nachbarschaftsstreitereien niederzulegen. Nichts nützte!

Neubauers negierten nur Notars nochmalige Niederschriften.

9. November, nebeliger, nasskalter Nachmittag: Neue Notebooknachricht! Norberts Neffe, nun niedergelassener Neuseeländer, namhafter Naturwissenschaftler, notierte:

„Nimm nächsten Nachtflieger nach Neuseeland! Nagelneue Nobelherberge Nähe Naturpark! Niemand nervt!"

Naheliegender Neubeginn! Natürlich nutzte Norbert nicht nachdenkend nette Neffeneinladung.

Neubauers – Nimmerwiedersehen!

Österliche Opferbereitschaft

Ostersonntag, Ottensheim, Oberösterreich:

Omnipräsenter Ortsvorsteher Otto, ordnungsliebender Oberinspektor Othmar, oberschlauer Oberstudienrat Oswald, ondulierte Oberlehrerin Ottilie, origineller Optiker Oliver, optimistische Organistin Olga, offensiver Offizier Ortwin, offenherzige Ordensobfrau Oberin Ophelia, oberösterreichischer Osterhase ohnedies – offenbar Oberförster Oskar – organisierten ortsübliches Osterfest, originale Osterbräuche ordentlicherweise obwaltend:

Opferwillige Ostermesse, orchesterbegleitendes Orgelspiel – offenbarender Ohrenschmaus! – obligatorische Ostereiersuche, obendrüber opulentes Ostermahl ohnegleichen.

O-beiniger Oberkellner Ottfried offerierte, obige örtliche Obrigkeiten orderten: Orangensaft, Ochsenschwanzsuppe, ökologisches Osterlamm, original oberbayrischen Obstwein, obendrein ofenfrischen Obstkuchen, Obsttorte oder Obstsalat, obendrauf Obers, österreichischen Obstler ohnedies. Oberkellner Ottfried ochste ordentlich!

„Oh, okay! Optimal organisiert! Optisch olympiaverdächtiger Osterschmaus!", offenbarten obige Ottensheimer Oberhäupter oftmals. Obacht! Offensichtlich obskure Osterorgie!

Ojemine! Opferbereit okkupierten oben observierte Ortsbewohner öfters Ottensheims öffentliches Örtchen!

Ortsansässiger Oberarzt, ostentativer Opponent opulenter Ostermähler, ordinierte ordnungsgemäß.

Pfarrer Pfeiffers Probleme

Pfingsten: Pfarrer Paul Pfeiffer, pummelige Person, puterrote Pausbäckchen, passionierter Pfeifenraucher, passieren permanent peinliche Pannen.

Pfingstsonntag predigt Pfarrer Pfeiffer pausenlos pflichteifrig: Prophezeit prachtvolles Paradies, prognostiziert posthume Pein, proklamiert Pax, Pietät, Prüderie, Pünktlichkeit, Pflichtbewusstsein, provoziert Politiker, populäre Prominente, prohibiert Prostitution, Polygamie, Probepartnerschaften, Prinzipienlosigkeit, protzigen Prunk, profitbringende Protektionswirtschaft, potenzsteigernde Pillen, protestiert, psychoanalysiert, – peinigt paralysierte panische Pfarrgemeinde!

Perfekte pralle Pfarrersköchin Pauline präsentiert Paul pünktlich prächtiges pfingstfestliches Pfannengericht: passables Pfeffersteak plus Pfefferoni, Pilzen, Paprika, passierten Paradeisern; pikante Pastete, prima Powidltascherl!
Problematische Prasserei! Putzmunter probiert Paul puren portugiesischen Portwein, prickelnden Piccolo, pinkfarbenen Punsch. Prost!

Pfingstmontagsgottesdienst: Pfarrer Pfeiffer produziert praktisch paranoide Performance, pastorale Protokolle planlos pflichtverletzend!
Provokant Pfeifchen paffend, positioniert Pfeiffer präzise pubertierende Pfadfinder, platziert paarweise polnische Pilger, postiert persönlich portables Predigtpult punktgenau, putzt penibel porzellanenes Prothesengebiss, pfeift paradoxerweise Psalmen, parodiert pontifikales Paternoster, predigt pathetisch – Paulines prachtvolle Portionen plus pfundige Proportionen preisend.
Plötzlich plagt Pfaffen Paul pressierender, peinigender Pinkeldrang. Pfeilschnell pfutsch – Pfingstmessenpause!

Prekärer Präzedenzfall! Perplexe, pikierte Pfarrgemeinde protestiert prinzipiell, plädiert prompt pro Pfarrers Pensionierung. Pfeiffers pastorale Periode passé!

„Piepegal!", posaunt Pfeiffer phlegmatisch. Pfiffiger Pensionist Paul Pfeiffer plante problemloses, profanes Privatleben plus Perle Pauline!

Punktum!

Quizmaster Quast

Quizmaster Quast quälten Quaddeln – Quarantäne?
„Quatsch!", quengelte Querulant Quast, quäkender Quadratschädel.

Querfeldein quacksalberte Quirinus: Quarzkristalle, quellende Quitten, Quarkumschläge, Quecksilbersalbe, Quellwasser.

Qualitativ quirlige Quizsendung quittierte Quast quantitative Quoten!

Quicklebendiger Quast quasselte quietschvergnügt!

Roswithas „rätselhafte" Reise

Roswitha Reinhart, robuste rothaarige Raumpflegerin, relaxt regelmäßig reihenweise Rätsel ratend.
Regionale Rätselzeitschriften, respektive raffinierte Ratespiele, reizen routinierte Rätselfreundin riesig. Roswitha rätselt rastlos, ruhelos, regelrecht rituell! Rettungsloser Rätselrausch – reizvoller Riesenspaß! Roswitha retourniert richtige Rätsellösungen rechtzeitig. Resultat? Reale rasche Rückantwort:
Renommierter Reiseveranstalter Ricardo reserviert Roswitha Reinhart romantische Reisebusfahrt Richtung Riviera! Reichhaltiges Rahmenprogramm, reichlich Reiseproviant: Rotwein, Räucherspeck, Rollschinken. Richtiggehende Rarität!

Reiselustige Roswitha reagiert rührselig, regelt ruhig Reisevorbereitungen, registriert raren Resturlaub, richtet rote Reisetasche, riskiert Ricardos „rätselhafte" Rundreise.

Regnerisches Reisewetter! Rostiger Reisebus rumpelt, rüttelt, rußt, röchelt rachitisch, rutscht rechten Randstein runter. Riskante Reifenpanne! Reisende raschestens raus! Ringsumher regennasse Rübenfelder, rudelweise Rehe, Raubvögel, Rebhühner. Rotwangiger Reisebusfahrer repariert russische Reifen rechtswidrig, Rum runterschluckend, rülpsend, rauchend.
Resoluter Reiseleiter Ralf ruft: „Reisebuswechsel! Routenänderung!"
Rasant reisen ratlose, ruhebedürftige Reisegewinner Richtung Regensburg.
Reizloser Reiseproviant reicht Roswitha: rosafarbiger Ribiselsaft, runzlige Radieschen, ranziges Roggenbrot.
„Rast! Restaurant! Riesenhunger! Ruhepause!", ruft rechtschaffene Rätselfreundin rundheraus.
Rückblickend reservierte raffinierter Reiseveranstalter Ricardo renovierungsbedürftiges Rasthaus.

Rundlicher Rentner repräsentiert rosarote reißfeste Rheuma-
decken, reichlich Restpostenware, rundweg reinen Ramsch!
Restaurantkost – rationierte Reduktionsdiät: Reissuppe, Rührei,
Rhabarberkompott!
Rückseitige Ruheräume – rundum runtergekommene Rumpel-
kammern. Rowdys randalieren, Rotzbengel raufen, Ratten
rascheln. Radikale Ruhestörung!

Rätselreise – riesengroßer Reinfall! Restlos reingelegte Reise-
gewinner raunzen, revoltieren, räumen reflexartig ramponierte
Raststätte, rügen rücksichtsloses Reiseunternehmen.
Rotsehende Roswitha regelt rigoros, reaktionsschnell rasche
Rückreise.
Resümee? Roswitha reichen rätselhafte Reklamefahrten, riskan-
te Reiseerlebnisse, reizvolles Rätselraten.
Rückgekehrt rückt Roswithas Reinigungskollegin rätselhaften
Riesenumschlag raus:

„Ratespielgewinnerin: Roswitha Reinhart! Rom ruft!!"

Seitenblicke superspezial

Selbstbewusster Selfmademan Stubner, schon seit Sommer Salzburgs Stadtgespräch schlechthin, soll sozusagen Spitzensupermann seines signifikanten Shopping-Syndikats sein, schreiben scharfzüngige Sensationsreporter. Stubners schwungvoller Slogan „Shoppen soll super sein!" schmückt ständig Salzburgs Stadtblatt-Schlagzeilen. Stubners sagenhafte Superpreise sprengen sicherlich sämtliche Superlative! Seriosität, Stabilität, sowie sukzessive Steigerung seines Sortiments seien stets selbstverständlich, sagt superschlauer Stubner siegessicher strahlend. Seine Superideen sprühen spontan!

Salzburger Stadtzentrum, Samstag, 6. September: Soeben startet Stubner souverän sein supermodernes 7. Shoppingcenter samt Sauna, Solarium, Swimmingpool, Solebad, Schönheitsstudio, Schauspielbühne, Sporthalle, Spielkasino sowie seinem Spezialitätenrestaurant „Schlaraffia".
Salzburgs superfeine Schickimicki-Society strömt scharenweise stadteinwärts: Strebsame Schauspieler, schöpferische Schriftsteller, selbstzufriedene Schlagerstars, selbstbewusste Spitzenpolitiker, schneidige Steuerberater, siegreiche Sportler, skrupellose Staranwälte, spendable Sponsoren, schnorrende Schmarotzer, scheinheilige Spekulanten, schräge Sonnyboys, schwule Schnösel, suchende Singles, schillernde Societyladies, sinnliche Silikon-Sexbomben, sündige Satansweiber, schmeichelnde Schleimer, schnüffelnde Spione, schwatzhafte Schlitzohren.
Salzburgs Stadtkapelle spielt spritzige Schlager, Stimmungskanone Sepp singt seine schmalzigen Schnulzen, Startenor Sascha schmettert stimmgewaltig sein sizilianisches Serenadensolo, sexy Salome strippt schamlos.
Stubners Secret Service-Schutztruppe samt schicken Sonnenbrillen suggeriert störungsfreie Sicherheit. Schon sehr schön, solch sensationelles Schauspiel, solch stundenlanges Super-

Szenario! Sensationslüsterne Starfotografen sortieren ständig su-pergeile Schnappschüsse, sodass sie sich somit Salzburgs sagen-hafte Skandalgeschichten sichern.

Sangria, Schilcher, Schlumberger Sekt strömen so sehr, sodass sie Schleckermäulers Stimmungsbarometer schnellstmöglich sti-mulieren. Stadtbekannter Starkoch Scherer serviert sogleich sein sortenreiches Schmankerl-Souper: Spargelcremesuppe, Saibling, Stör, Spanferkel, Stelzen, Steaks, Schöpsernes samt sämtlicher Saucen, sowie Salate, Südfrüchte, sonstige Soufflees, spezielle Süßspeisen, Stracciatella-Sorbets, Schokoladentorten, sogar Salzburgs sahnige Schubertkugeln!

Schleunigst stürmt Salzburgs Schickeria Starkochs schlachtrei-fes Schlemmerbuffet. Schier sonderbare skurrile Subjekte spei-sen, schmausen, schmatzen, schlürfen, saufen, sabbern, schnau-fen, speiben, scherzen, streiten, schockieren, spinnen, schreien stöhnend: „Schnuckiputzi! Schätzchen! Süßer! Schau! Super-cool! Spitze! Schräg! Stimmt! So soll´s sein!"

Statt simpler Shakehands sammeln sie süße Schmätzchen, steuerfreie Spenden, stilvolle Schmuckstücke, sündteuren Schnickschnack, sowie schwerwiegende Seitenblicke, schnelle Seitensprünge, spektakuläre Scheidungen. So sind sie – schein-bar steinreich, stinkvornehm, selbstherrlich, sittenlos, skandalös!

Schauplatzwechsel: Straßenseitig steht schon seit Stunden Salz-burgs „Seitenblicke spezial"-Supersizemonitor, sodass sämt-liches schaulustige Straßenvolk Stubners strahlende spektakel-reiche Supereröffnung sieht. Stinknormale Staatsbürger stehen seither stundenlang „Seitenblicke spezial" schauend. Sie sagen: „Spaßig, stimmungsvoll, so schön!", sie schwärmen: „Sapperlot! Sakra! Solch sorgloses Spektakel!"

Sie staunen schlecht, schweigen still, seufzen schließlich, sind skeptisch, sarkastisch, schimpfen sogar, stänkern sture Schädel schüttelnd: „Scheiß Stinkreiche, sollen sich schämen! Sollen sparsam sein, Spesen sparen! Stattdessen schlemmen sie!"

Sympathischer Spaßvogel Severin, seinesgleichen Student sowie schlecht situierter Straßenmusikant, schmaust still sein simples Schinkensandwich, seinen spitzbübischen Superplan sorgsam schmiedend. Sodann schmunzelt Severin süffisant: „Sollen sie sich später sauber schrecken!"

Szenenwechsel: Stubners Superior Society schlemmt sorgenlos, sündigt selbstvergessen, schwatzt so sinnlose Sachen! Stubners schlaue Sicherheitsleute schlummern sternhagelvoll.
Schlagartig – stockfinstere Stille! Schleierhafter Stromausfall! Schreck! Schock! Stress! Stubner sieht schwarz! Scheiße!
Sofort sind Salzburgs Superschöne sowie Superreiche schutzlos. Sie schluchzen schreckensblass, schubsen sich stürmisch, stoßen sich schweißgebadet, schreien schrill: „Schnell, schnell!", stolpern schusslig, stürzen stockbesoffen. Sonderbarer Spuk! Sicherheitshalber schließt Stubner schnurstracks sein Shoppingcenter. Salzburgs Straßenpassanten sind schadenfroh. „Spaßiger Störfall! Schon schön, solch suspektes Szenario!", sagen sie sarkastisch.
Später sind sie sogar sichtlich sprachlos. Severin spendiert seelenruhig Sektflaschen, supergroße Stelzen, schmackhafte Strudelstücke, sagenhaft süße Schubertkugeln! Seltsam splendid!
Scherzbold Severin spielte Stubner seinen sicherlich schönsten Schurkenstreich. Seine sechs seriösen Studienfreunde sind schweigsame Spitze!
Salzburgs Stadtnachrichten schreiben spätnachts spitzzüngig Stubners spannende Supereröffnungsstory.
Schlussbemerkung: Salzkammergut, sechs Sommersaisonen später: Stubner startet sein soundsovieltes supermodernes Shoppingcenter! Sein spezieller Stargast: Songcontest-Sieger Severin samt seiner sechsköpfigen Superband! Supersache, siegreicher Severin!

Sonderbare Schicksalsfügung?

Tatort Tanzkurs

Teufelsweib Tanjas triebhafter Tick: Tanzen, Tanzen! Tanzen taugte Tanja total! Temperamentvoll, topfit, taktfest, trittsicher, tätigte Tanja tatsächlich tausende Tanzstunden! Tanja tanzte traumhaft Tango, Twist, Twostepp, Tarantella, traditionelle Tänze – trotz törichter Tanzpartner:

Tölpelhafter Taugenichts Tobias, tomatenroter Trunkenbold, torkelte Trinklieder trällernd, taumelte teilnahmslos, tobte! Trinkfreudig trank Tobias Tanjas teuflischen Tequila – totgesoffen! Tschüs, Tobias!

Todlangweiliger Toupettträger Theodor, tatteriger tauber Trottel, trippelte tanzuntauglich, tapste träge, trödelte. Tanja tobte: „Tempo! Tempo!" Trostlose Tanzstunde!

Tückische Tanja tauschte Theodors therapeutische Tonikumtropfen. Tollpatschig traumwandelte Theodor treppab. Tot! Trügerische Treppenstufen! Traurig!

Tanzlustig testete Tanja tätowierten Tanzpartner Thomas, taktlosen triebhaften Tunichtgut. Transpirierend tätschelte Thomas Tanjas tolle Taille, tänzelte theatralisch, turtelte tabulos. Tagsüber terrorisierte Thomas Tanja telefonisch.

Tanja torpedierte tatkräftig Thomas' tollkühne Tuchfühlung, tiefgründiges Telefonat tätigend. Tobsüchtige Taschendiebe traktierten Tanjas Tanzpartner tätlich, traten Thomas tot! Triviale Tragödie! Tatverdächtige Türken türmten. Tschechischer Tatzeuge – trunkener Taugenichts – totgefahren!

Trotz tragischer Todesfälle terminierte toller Tanzlehrer Toni traditionsgemäßes Tanzturnier. Talentierte Tanja teilnahmeberechtigt! Trotzdem traf Tanja totale Torschlusspanik! Typisch! Teilnehmen trotz trottelhafter Tanzpartner?

Tanjas Traumtyp tanzte tadellos: Tanzlehrer Toni! Taktvoller Traumtänzer, tausendmal Tanjas Traummann!
Trotzige Tanja titulierte Tänzerin Therese – Tonis Techtelmechtel – „Taubengrauer Trampel! Tingeltangeltussi!"
Todesengel Tanja tüftelte tatkräftig tückische Torheit: Termingerecht traf turmhohe Tanne teils Thereses Terrasse, teils Thereses Taille.
Tanja triumphierte, tröstete todunglücklichen Toni taktisch tagein, tagaus Tänze trainierend, täglich tüchtig turnend, tagelang Tonis Trauer tändelnd therapierend.

Tiefenpsychologisch Tanjas tödliches Treiben taxierend, täuschte Toni Todfeindin Tanja , twistete tapfer, tolerierte treuherzig Tanjas tugendloses Tun, trickste trefflich talentvoll. Tonis Traulichkeit trog!

Tanzturnierabend: Tanja trug teures, transparentes, türkisfarbenes Tanztrikot. Todschick!
Tollem Traummann total trauend trank Tanja Tonis tröstliches Tässchen Tee, todbringenden Tollkirschenextrakt tarnend.

Todblasse Tanja tanzte traumverloren, taumelte trunken, torkelte todmüde! Tiefer Trancezustand transformierte Tanja tödlich. Totenstille! Tanzbesessene Tanja – tatsächlich totgetanzt!?
Tuschelnde Tanzkursteilnehmer trauerten teilnahmsvoll.

Tschau, Tanja!

Universum

Unnatürliche Umweltbedingungen, ungestrafte Umweltkriminalität unseriöser Unternehmer und unausbleibliche Umweltschäden überschatten und überbelasten unerbittlich unser unentbehrliches Universum: überquellende Unratsberge, unhygienische Umluftbelastung, unzählige Umbauarbeiten, unerwünschte Umleitungen, umgewidmetes Umland, übereilte Urbanisierung, überdosierte Unkraut- und Ungeziefervertilgungsmittel, überdüngtes Umfeld, unreine Ursprungsquellen, unverträgliche überhöhte UV-Strahlung, unbarmherzige Urwaldrodungen und unnatürliche Umgestaltung unberührter Urlandschaften.

Uwe, Udo, Ulrich und Ulrike, überaus überzeugte unzertrennliche Umweltschützer, überwachen unaufhörlich und unverzagt unsere Umwelt, unterrichten uns unverzüglich über unvorstellbare Umweltschutzübertretungen, überbetonen ununterbrochen unseren überlebensnotwendigen Umdenkungsprozess und überreichen übellaunigen Umweltstadträten umfangreiche Unterschriftensammlungen, um uneinsichtige und unvernünftige Umweltsünder umzustimmen.

Unlängst überführten unsere Umweltaktivisten übergewichtigen, unsympathischen Unternehmer Urbanek.
Urbanek unterstrich unentwegt unvermeidbare Unumgänglichkeit, unbebautes Umweltschutzgebiet unterm Untersberg umzugestalten und unkte unablässig: „Umweltschutz – unwichtig! Umfahrungsstraße – unerlässlich! Ulme unbedingt umsägen!"

Unglücklich über Urbaneks unbekümmerten, umweltfeindlichen Umgangston umarmten und umklammerten Uwe, Udo, Ulrich und Ulrike Unterbergs uralte Ulme und übernachteten überdies unter ungemütlichen Umständen untendrunter. Umsonst!

„Übergeschnappte Unruhestifter!", urteilte Urbanek überheblich und unterwies umstehende Uniformierte, unsere unverdrossenenen Umweltschützer unversehens umzuquartieren und umstrittene Ulme umzuschneiden.

Unterdessen übersah unvorsichtiger Urbanek unerwartet urplötzlich umfallende Ulme. Unglücklicher unvorhergesehener Unfall! Unbeliebter Unternehmer überrollt und untergraben!

Urbaneks unappetitliche Überreste überzeugten unsere Umweltfreunde: Übelgelaunte Urgewalten übermitteln uns unmissverständlich unermesslichen Unmut über unverantwortliche Umweltpolitik!

Übrigens, übermorgen untersuchen Uwe, Udo, Ulrich und Ulrike ungesunde und unerfreuliche Umweltbedingungen unweit Urmannsau. Ungewöhnliche Übererregbarkeit, unerklärliche Unfruchtbarkeit, unbegreifliche Übelkeit und unglaubliche Unterleibsschmerzen überfordern unglückliche Urmannsauer ungeheuerlich.

Umgeben Urmannsau überall unbemerkte unrechtmäßige ukrainische Uranablagerungen? Unglaublich! Übertriebener Unsinn? Überleben unsere unerschrockenen Umweltaktivisten?

Unklar und überhaupt – unter Umständen – utopisch!

Verhängnisvolle Verhältnisse

Veit Völkli, 40, von Vandans, Vorarlberg, verschmitzter Vertreter, verheimlichte vielerlei vergangene Vorkommnisse: verjährte Vorstrafen, vorsätzlicher Vandalismus, vielfache Vaterschaftsklagen, Versicherungsbetrug, Veräußerung von „verlorengegangenen" Vehikeln, vergnügliches Vagabundenleben! Veits Vorleben verlief vollkommen verrückt!

Veits Vorfahren väterlicherseits, vormals Vorarlberger Volksmusikanten, verstarben völlig verarmt. Verständlicherweise verabscheute Veit von vornherein Verlust von Vermögen, Verarmung, Verschuldung, Verzicht, Verwahrlosung.
Vehement versuchte Veit via verschiedenartiger verdächtiger Verdienstmöglichkeiten vergnügt voranzukommen, vorsichtig vorzugehen, vielleicht vorausschauend vornehm verehelicht, vollauf versorgt, verwöhnt, versichert, verheißungsvolle Verwirklichung von verlockender Vermögensvermehrung vorzunehmen.

Vormittags verkaufte verwegener Veit voller Vitalität vielfältige Verbrauchsartikel: Videokameras, Ventilatoren, Vogelhäuschen, Veilchenparfum, Vergrößerungsspiegel, vielfarbige Vorhangstoffe, vergoldete venezianische Vasen.
Vierteljährlich verbreitete Veit verschiedene Versandkataloge, vermittelte Versicherungsverträge, veranstaltete Vergnügungsreisen, vermietete Volksfestzelte, verteilte vielzählige Visitenkarten, verarschte Vollidioten.
Vorübergehend veräußerte Veit verbotenerweise verschreibungspflichtige Verdauungspillen, Verhütungsmittel, Vitaminpräparate, Verjüngungskuren, Verschönerungsprodukte.
„Vielleicht Viagra vonnöten? Verklemmt? Verschnupft? Verstopft? Verängstigt? Vergesslich? Vollschlank? Vorsorglich Veit vertrauen! Veit verspricht verlässlich Verbesserung!"

Verbal vielseitig versiert verstand vorwitziger Veit vorzüglich Vertreters variationsreiche Verkaufspalette vorzuführen. Vollauf verzückt von Veits virtuosen Verführungskünsten, vertraulichen Vieraugengesprächen, vorgetäuschtem Verantwortungsbewusstsein, verfänglichem Verhalten, verfielen vorwiegend vereinsamte Verwitwete Veits verteufelten Versuchungen, vermachten Veit Verlassenschaften, vereinbarten Verträge, verschenkten Vorschüsse, verfassten Vollmachten!
Veit verkaufte viel, verdiente vortrefflich! Veits V-Mann, Vetter Volker von Vaduz, veranlagte vorteilhaft Veits voluminöse Verkaufsverdienste vorzugsweise via verschiedener Valuten.

44-jährige Volkhilde, vergnügte VIP-Verlegerswitwe, verzauberte Veit von vornherein. Verblichener Verleger vererbte Volkhilde vornehme Vorortvilla voller Vermögenswerte.
Verlässlichkeit versprühend, Versprechungen vorspiegelnd, verstärkte Veit vorerst verkaufsfördernd Volkhildes Vertrauen. Volltreffer! Vollkommene, vorzeigbare Volkhilde verwöhnte Veit, verführte Veit, verwirrte Veits Verstand, veränderte Veits vorsichtiges Vorgehen! Verliebter, verblödeter, verblendeter Veit, vollends vernunftwidrig vorgehend, verriet Volkhilde voreilig Vetter Volkers variantenreiche Vermögensveranlagung.

Vorweg vermerkt: Verschwenderische, vergnügungssüchtige Volkhilde verjubelte vergangene Vorweihnachtszeit verstorbenen Verlegers Vermögen vollständig. Vermeintlich vermögende Volkhilde – vorzeitig verschuldet – verschwieg Veit verschlagen völligen Vermögensverlust.
Vielleicht verwirklichte Veit Volkhildes Vision von vielfacher Vermögensvermehrung? Vielleicht visualisierte Volkhilde Veits Vorstellung von vorteilhafter Verehelichung?
Viele vorherrschende vage Vermutungen, verzwicktes Verwirrspiel von Verlogenheit, Verstellung, Vorsehung! Vorgeblich verliebt, verfrüht verlobt, vorschnell verheiratet!

Viertägig vermählt verleitete Volkhilde Veit verhältnismäßig viel von Volkers valutenreicher Vaduzer Vermögensanlage vorzeitig vorzustrecken:

„Verzeihung, Veit! Vergib versehentlich verschuldeter Volkhilde vielmals! Vereinzelt verarmt, vereint vermögend! Verspreche vorzügliche variantenreiche vergnügliche Vereinigung!" Vieldeutiger Vorschlag! Veit – Volkhilde vergötternd, voller Verlangen verweichlicht – verzieh, veranlasste, Verdruss vermeidend, verständnisvoll vordringliche Valutenauszahlung.

Vorgestern Vormittag verursachte vermutlich volltrunkener Veit verheerenden Verkehrsunfall.

Veit verstarb vor vergeblicher vitalisierender Verarztung. Veits Vetter Volker von Vaduz vertritt verblichenen Veit, verwaltet vorübergehend Volkhildes Villa.

Verbissen, verklärt, vehement verehrt Volker verfügungsberechtigte Vermögenserbin.

Viel Vergnügen!

Wundervolle Weihnachtszeit

Wenn's weihnachtlich wird, wäre Wilmas Wunschtraum wegzu-
fliegen. Willensstarke Wilma will wohlhabenden Weggefährten
Willibald weismachen, wie wunderschön Weihnachten woan-
ders werden würde.

Wilma: Weihnachten wird wahrscheinlich wieder winterlich!
Wohlunterrichtete Wetterfrösche weissagen wahrlich
widrige Wetterbedingungen, weitgehend windigen
Wintereinbruch, wochenlange Winterkälte! Wie wär's,
Willi, wenn wir weit wegfahren würden? Wilmas
Weihnachtswunsch würde wahr!

Willi: Weihnachten wegfahren? Wie weit? Wohin?

Wilma: Westindien! Windstilles, wolkenloses Wetter würde
winken, wunderbare Wellen, wiederbelebender Was-
sersport, wie Windsurfen, wildromantische Wasserfälle, weinrote Wassermelonen, wohltuende Wärme!
Wunderschön wär's!

Willi: Wozu weit wegfliegen? Wahrhaftiger Wahnsinn, Wilma! Welch widernatürliches Weihnachten! Wohlbekannte Wucherpreise, wildfremde Weihnachtsgerichte,
wenig Weihnachtsstimmung! Womöglich wüten Wir-
belstürme! Wegen wohliger Wärme – warme Westen,
wollene Wäschegarnituren, Weinbrand, Wacholderschnaps, werden wirkungsvoll wärmen, werden wunderbar wohltun! Willi will weiße Weihnachten!

Wilma: Weltfremde Witzfigur! Widerborstiger Wermutsbruder!
Was wäre, wenn wir woandershin wegfahren, wo
Weihnachten weiß wird? Winterthur!? Wohlverdiente
Winterfreuden wären wirklich wünschenswert!

Willi:	Weshalb? Warum waghalsiger Wintersport? Weswegen Weihnachten woanders wohnen? Wenn wir Weihnachten weihnachtsgerecht würdigen wollen, wäre warmes Wohnzimmer weitaus wohnlicher!
Wilma:	Wie würde Weihnachten würdevoll werden, Willi?
Willi:	Wie wohl! Wiederum wichtig wären wohlgeformter Weihnachtsbaum, Weihrauch, Wunderkerzen, weiters wertvolle Weihnachtsgeschenke, wohlgedeckter Weihnachtstisch, worauf würzige Weihnachtsgans, weicher Weihnachtsstollen, Weinschaumcreme, Walnüsse, Wachauer Weißweine wesentlich willkommen wären. Wird wohl wunschgemäß weihnachtlich werden!
Wilma:	Wie wahr! Welch wundervolles Weihnachtsfest! Wirklich witzig! Weib Wilma wirtschaftet wie wahnsinnig, währenddessen wird Willis Wampe weiter wabbeliger! Wärest wirklich wunderbarer werbewirksamer Weihnachtsmann, würdevoll, weißhaarig, wohlgenährt! Wir werden wieder wöchentlich wandern, wobei wachsender Wohlstandsbauch weggehen wird!
Willi:	Wirres Weibergeschwätz! Wiederseh'n! Wirtin Walpurgas wohlschmeckende Weißwurst, weiters weißblondes Weizenbier warten!

Wer will wissen, was weiter wurde, wie Wilma–Willis weihnachtlicher Wortwechsel weiterging? Wenig wirkungsvoll, weil Willis Wolfshunger wie wahnsinnig wuchs. Wieselflink war willensschwacher Willi wegen Wirtin Walpurgas Weißwurst weggelaufen. Wütend wünschte Wilma währenddessen widerspenstigen Willi weit weg!

Wochenendwetterbericht: Weihnachtliche Wetterprognose: Wieder weiträumiger Wetterumschwung! Weihnachten wird wunderschönes Wetter werden! Winterkälte wird wohlig warmer

Witterung weichen. Wolkenlos, windstill wird's! Welch Weihnachtswunder! Warnung: Wetterfühlige werden wahrscheinlich wider Willen wehklagen!

Wie wird Wilmas Weihnachten werden?
Wohlgemut wird Wilma wegfahren, wo Weihnachten weiß werden wird. Winterliche Waldspaziergänge werden Wilma wohltun! Weiters werden Wiener, Waldviertler, Wachauer, Wolfgangseer Weihnachtsmärkte weiser Wilma weiterhelfen, Willis wertvolles Weihnachtsgeld wegzuzaubern. Welche Wonne!

Wie wird Willis Weihnachtszeit?
Wohlgemerkt! Weil wasserstoffblonde wohlgebaute Wirtin Walpurga wetterfühligem Willi wärmend wohltun will, wird Weiberheld Willi widerstandslos weit wegfliegen!

Welche Wandlung! Welcher Wirrwarr! Welch wankelmütige widersprüchliche Wesen!

Welch „wunderliche" Weihnachtszeit!

Xavers Xenia

Xangslehrer Xavers x-beinige Xanthippe Xenia
x-mal xundheitsgefährdend x-bestrahlt. – eX.

Xavers Xamterbe: Xenias Xylofon.

Xylofonbegleitender Xangsunterricht xichert!

Yvonnes Yogi

Yvonnes young Yankee Yogi Ymir –
Yogaübungen, Yamswurzeln, Ysoppflanzen,
Yin-Yang, Ylang-Ylang-Öl, Yacht – Yukatan !

Yes!!

Zuckersüße Zeiten, zitronensaure Zeiten

2.10.2009: 22-jähriger Zacharias, Zillertaler Zuckerbäcker, zerkleinerte zeitig Zitronat, zerrieb Zitronenschalen, zerdrückte Zimtstangen, zerschnitt Zwetschken, – zum zuckersüßen Zwetschkenkuchen zahlreiche Zutaten zusammenmischend.
Zwischendurch zarte Zibeben zerbeißend zuckte Zacharias zutiefst zusammen: Ziemliche Zahnschmerzen zerstörten Zuckerbäckers Zauberkünste! Zähneklappernd zog zimperlicher Zacharias zwangsläufig zum Zahnarzt. Zielstrebig zog Zahnarzt Zirner Zacharias' zerbröckelnden Zahn.
32-jährige zierliche Zahnarzthelferin Zenzi zwinkerte zappelnden Zuckerbäcker zweideutig zu, zuvorkommend Zacharias' Zahnlücke zartfühlend zustopfend.
Zunächst zurückhaltend zaudernd zwinkerte Zacharias zuletzt zurück, Zenzis zuckersüßem Zulächeln zwischen zinkweißen Zähnen zutiefst zugetan. Zugleich zerfloss Zacharias' zwanghafte Zahnarztangst.

10.10.2009: Zenzi zitierte Zacharias zeitlich zum Zahnarzt zwecks zeitaufwändiger Zahnsteinentfernung. Zudringlich zerzauste Zenzi zuerst Zacharias' zimtfarbenes Ziegenbärtchen, Zacharias zauste zufolge zutraulich Zenzis ziegelroten Zopf. Zenzis zusätzlicher zügelloser Zungenkuss zerstreute Zacharias' Zweifel: Zenzi zeigte Zacharias ziemliche Zuneigung!
Zielsichere Zauberhände zuzüglich zärtlicher Zauberworte zündeten zwischenmenschliche Zugchörigkeit.

20.10.2009: Zufrieden zumute zelebrierte Zacharias Zuckerbäckers Zeremonic, zuckerte 200 Zimtsterne, zauberte zarte Zitronentorten, „zufällig" zuschauender Zenzi zudem zuflüsternd: „Zu zweit Zuckerglasur zubereiten zählt zweifelsohne zu Zacharias' Zielvorstellung, zuckersüße Zimtschnecke!"
Zenzi zwitscherte zurück: „Zukünftig zu zweit zusammenleben

zählt zweifellos zu Zenzis Zielvorstellung, zuckersüße Zimtstange!" Zenzi zustimmend zunickend zerkaute Zacharias Zibeben. Zugegeben, Zenzi zähmte Zacharias zizerlweis zum zweckdienlichen Zirkuspferd, zwanglos Zukunftspläne zurechtlegend.

22.10.2009: Zahnarztstelle zuzüglich Zweizimmerwohnung zurücklassend, zog zuallererst Zenzi zu Zacharias. Zugehörige zahlreiche Zimmerpflanzen zierten zügig Zuckerbäckers zinsgünstiges Zuhause.
Zwei zugeflogene Zeisige zwitscherten zwischendrin, zuallerletzt zerstörten zehn zahme Ziegen Zacharias' zurechtgestutzten Ziergarten. Zenzi züchtete Ziegen zwecks zuträglicher Ziegenmilch! Zuschauend zuckte Zacharias zwar zähneknirschend zusammen, zeigte Zenzi zuliebe zumindest zurückhaltende Zubilligung, zumal Zacharias' Zuckerpuppe zeitgerecht zuversichtliche Zweisamkeit zelebrierte.

12.12.2009: Zenzis Ziegen zweckentfremdeten Zacharias' Ziergarten zur zerrupften Ziegenwiese. Zwanghaft Zenzi zugeneigt zimmerte Zacharias zweckmäßige Zubauten zur Ziegenhaltung zugunsten Zenzis zoologischen Zuwachses.

Zusammenfassender Zwischenbericht 2010: Zwischenzeitlich zeugte zähmbarer Zacharias zweieiige Zwillinge. Zugunsten Zenzis zwischenmenschlichen Zuwachses zerfielen Zwischenwände zwecks zwingender Zimmervergrößerung.
Zweifelhafte Zwischenfälle zerstörten zeitgleich zurechtgebastelte Zukunftsperspektiven: Zenzi, zunehmend zunehmend, zumeist zuviel zuckersüßem Zeug zusprechend, zeigte zeitweilige Zornausbrüche, zeitweise Zwangsneurosen, zertrümmerte zuweilen Zacharias' Zimmereinrichtung!
Zickige Ziegen zuzüglich zickiger Zenzi zermürbten Zacharias zutiefst! Zenzis zanksüchtiger Zustand, zusätzlich zigfacher Zusammenbrüche, zerrütteten zuletzt zartrosa Zweisamkeit!

Zerstritten zog Zenzi zurück zur zahnärztlichen Zweizimmerwohnung, zulasten Zacharias zahlreiche Ziegen zuzüglich zauberhafter Zwillingsbabys zurücklassend.

Zacharias Ziel: Zwillingstöchtern zureichend Zärtlichkeitsge-
fühle, Zuneigung, Zutrauen zu zeigen, zugleich zur zeitrauben-
den Zuckerbäckerei zurechtzukommen.
Zacharias zweifelte zukunftsängstlich, zumal Zwillinge zuerst
zappelten, zahnten, Zimmerpflanzen zerzupften, Ziergegenstände zerbrachen, zuletzt Zacharias zutraulich zulächelten!
Zielstrebig Zähne zusammenbeißend zog Zacharias zuvorkom-
mende Zeitgenossen zurate. Zusammen zaghaftem Zuckerbäcker Zuversicht zusprechend, Zahlungsverpflichtungen zu-
rücksteckend, Zuschüsse zusichernd, zerrannen zugleich Zacharias' Zukunftsängste.

Zwischenbericht 2020: Zacharias' 10-jährige zierliche Zwil-
lingstöchter zählten zweifelsohne zu Zuckerbäckers zugehö-
rigen Zentralfiguren. Zilli, zimtfarbene Zöpfchen, zerknabberte
zuckersüßes Zitronat, Zwillingsschwester Zita, ziegelrote Zöpfchen, zuckerte Zimtsterne.
Zauberhaften Zwillingstöchtern zärtlich zuschauend, Zwetschkenkuchen, Zimtbäckerei, zartbittere Zuckerl zubereitend, zerfloss ziemlich zügig Zuckerbäckers Zeit.

Zusammenfassung 2030: Zenzi, zwischenzeitliche Zahnarztfrau,
zu zurechnungsfähigem Zustand zurückgekehrt, zeigte zaghaft
Zuwendung zu 20-jährigen Zwillingstöchtern.
Zilli zertifizierte zielstrebig zur Zuckerbäckerin, Zita zur Zahn-
technikerin.

Zufrieden züchtete Zacharias zuhause Ziegen.

ABC-Nachfrage

Auch amüsiert?
Bereits Bücher bestellt?
Chancenlose Causa?
Doch desinteressiert?
Entstanden einfallsreiche Erzählungen?
Folgt fantasievolle Fortsetzung?
Genug gelesen?
Habe hoffentlich Hunger herbeigeführt?
Ist Ihr Interesse irgendwie integriert?
Ja? Juchhu!
Kunstfertig kreiert?
Langweilige Lektüre?
Möglicherweise mehrheitliche Motivation?
Neuerliche natürliche Nachfragen?
Oder objektive Opposition?
Provokative Pointen?
Quasi quantitativer Quatsch?
Reichlich rätselhafte Rhetorik?
Sind Sie schon sehr schläfrig?
Teilnahmslos, träge, trotzdem tolerant?
Und überhaupt – unvoreingenommen?
Vielleicht vielen vorgelesen?
Werden Wünsche wirklich wahr?
Xunder Xamteindruck?
Yogaübungen?
Zurzeit zufrieden? Zugabe?

2. Teil

Männer!
Mordshungrig – maßlos müde – mausetot!

In diesem Kapitel werden „appetitanregende" Damen und „mordshungrige" Herren unserer Gesellschaft auf etwas sarkastische aber auch makaber-humorige Weise anvisiert.

So entstanden 25 weitere Buchstabengeschichten – X und Y wurden notgedrungen trickreich zusammengefasst – mit folgendem annähernd gleichen Inhalt, der aber doch sprachlich verschieden wiedergegeben wird.

Ein Mann beschließt, nach einem für ihn positiven oder negativen Ereignis, den Tag mit einer köstlichen Mahlzeit abzurunden, entweder um zu feiern oder sich abzulenken.

Eine aufreizende weibliche Person ist ebenfalls anwesend, die den Schmausenden erotisch sehr beeindruckt und ihm Hoffnungen macht. Als dieser aber allzu zudringlich wird, versucht die bedrängte Dame kurzerhand ihn ruhigzustellen.

Leider verläuft dieser Versuch tödlich, ob absichtlich oder unabsichtlich bleibt dahingestellt. Eventuelle Beweismittel werden klugerweise schnell beseitigt.

Alberts allerletztes Abendmahl

Als am achten August asthmatischer Anwalt Albert äußerst abgespannt außergewöhnlich anstrengenden Arbeitstag absolvierte, achtete Albert anschließend auf angenehme, außerdem auch aufheiternde Alltagsabwechslung.

Am Abend aß Albert abwechslungsreiches ausschweifendes Abendmahl: Am Anfang aromatischen Arnikaschnaps als Aperitif, auserlesene Artischocken auf Akazienblättern, außerdem appetitliche asiatische Austern aus Aquakultur, anschließend ausgezeichnete Ananasschnitten als auch ausgezogenen Apfelstrudel.

Außer Albert auch attraktive aschblonde Adele anwesend, auffordernd Albert anlächelnd: Aufgetakelter Anblick, außerordentlich angeheitert, ausgesprochen amüsant, äußerst aktiv – absolut amoralisches appetitliches Abenteuer, auf Albert an- als auch ausziehende Auswirkungen ausübend.

Adeles aufreizendes ärmelloses azurblaues Abendkleid animierte anlehnungsbedürftigen Albert allmählich animalisch. Atemlos aß ausgehungerter, aufgeregter Albert ausnahmslos alles Angebotene auf, Adele anzüglich anstarrend, angriffslustig anbaggernd, anbiedernd am Allerwertesten abtätschelnd.

Abgeschreckte Adele äußerte allerdings auffallende Abwehrreaktionen, Alberts allzu aufdringliche Annäherungsversuche aufgebracht abweisend. Aber anstatt aufzuhören agierte ambitionierter Albert ausdauernd aufgedreht, amouröse Affäre anstrebend.

Alsbald attackierten angestrengten Albert akute ausgiebige Asthmaanfälle. Allemal ärgerlich! Aufgrund Adeles absichtlich ausgetauschter Arznei – armer Albert augenblicklich ausgelitten. Alberts Asthma-Arznei anschließend aufmerksam ausleerend, atmete aalglatte Adele auf.

Amen!

Bernhards bittere Brotzeit

Beginnender Botanikstudent Bernhard brauchte Blumen, Blüten, Beeren betreffs bevorstehenden Berichts.

Bernhard botanisierte bald büschelweise Butterblumen, Brunnenkresse, Bärlauch, Bartnelken, Buschwindröschen. Beim Beerensammeln bekam Bernhard beträchtlichen Bärenhunger.

Bei Bertas bekanntem Bauernhof begehrte Bernhard bald behagliche begrüßenswerte Brotzeit.

Bezaubernde blonde, bisschen beleibte Bäuerin Berta brachte bunt belegte Brötchen, briet beliebten Bauernschmaus, buk butterweichen Birnenstrudel, bekömmliche Biskuitroulade, Bertas berühmte Buchteln! Bernhard becherte besten Branntwein, bemerkenswert bekömmliches Bier.

Bald beschwipst bewunderte Bernhard besonders Bertas beachtlichen Busen, beäugte begeistert Bertas blitzschnelle Beine, bettelte bengelhaft: „Bussi, Bussi!"

Bäuerins becircende blinzelnde Blicke beschleunigten bereits Botanikers bebendes Begehren, Berta beizuwohnen.

Beherzt begrapschte Bernhard begierig Bertas bemerkenswerte Brüste beziehungsweise Beine, bedrängte Berta beharrlich! Begreiflicherweise beunruhigte Berta Bernhards belästigendes Benehmen!

Bedauerlicherweise brannte Bernhards Branntwein bald beträchtlich bitter, bedrohliche Blähungen, bösartige Bauchschmerzen befielen Bernhard beizeiten.

Bertas beigemengte bärenstarke Beruhigungstropfen beendeten brutal Bernhards brennende Begierde. Baldige betäubende Bewusstlosigkeit bestrafte bedauernswerten bleichen Botaniker.

Beschwingt, befreit, beruhigt beseitigte böse Berta blitzschnell belastende Beweismittel.

Bye-bye, Bernhard!

Christians chloriger Cocktail

Charakterschwacher Chemiker Christian charterte chromblitzenden Campingbus.

Campingplatzrestaurant , Chefmenu: Champignoncremesuppe, Currywurst, Cevapcici, Chinakohlsalat, Cappuccino, Cremetorte. – Chillen!

Casanova Christian checkte couragiert chice charmante Camperin Corinna, – Cup C!
Camparicocktail, Champagner! Chancenreicher Coitus?

Crescendo! Campingbus-Couch? Chaos!!

Corinna chloroformierte Christian cool, chauffierte Christians Campingbus contra Container – Crash!

Conclusio: Ciao, Christian!

Daniels diabolisches Dinner

Der 13. Dezember: Dieses düstere Datum! Diverse Dienstaufträge diskret durchgeführt, dinierte der dickleibige Detektiv Daniel demnach doppelt durstig, die diversen Delikatessen der Dorfschänke durchkostend: die dampfende Dillsuppe, dann den deftigen Damhirschbraten, danach die delikate Doppelportion Dampfnudeln. Dazu diesen dunkelroten Dessertwein, der Daniel deutlich drohend durchströmte!

Daraufhin durfte Daniel die dunkelblonde dralle Dorfschönheit Diana drücken, – drüber dekolletiertes Dirndl, drunter durchschimmernde Dessous.
Dianas Deodorant duftete dabei derart, dass dadurch Daniels dürftiges Denken destruktiv degenerierte. Desorientiert dominierte deshalb Daniels dreister Drang, dieses duftende Dirndl draufgängerisch dranzukriegen.

Doch drastische Darmkoliken, dazu dringender Durchfall drohten Daniel dazwischenzufunken, durchkreuzten demnach definitiv dessen deutliche Drängelei.
Durch Dianas distanziert dargebotenen drogenversetzten Drink dämmerte dieser dämliche Detektiv derart dahin, dass demzufolge dunkler Dauerschlaf Daniels Dasein dramatisch dezimierte.

Durchatmend dankte dämonische Diana diesem doppelt dosierten diabolischen Drink. Daniel durfte dadurch direkt diskret dahinscheiden!

Darum: Diszipliniert dinieren!

Emils endgültiges Essenserlebnis

11.1. – Emils ereignisreicher Ehrentag! Emil, ein egoistischer esslustiger Einzelgänger, erbte erwartungsgemäß ein exklusives Einfamilienhaus einer Erbtante. Endlich ein erfreuliches Ereignis! Er erwog, erst einmal ein exquisites Essen einzunehmen, eventuell einschließlich eines erotischen Erlebnisses.

Ein Experte empfahl erfreutem Erben Elkes Eliterestaurant: Eben erst eröffnet! Elegante Eigentümerin Elke empfing Emil eifrig einladend. Es erwartete Emil ein ergiebiges erlesenes Essen! Erst eine einmalige Erbsensuppe, ebenso einzigartig – eine exotische Entenbrust einschließlich echter Erdäpfelknödel! Ein exzellenter Eierkuchen, eine explosive Erdbeerbowle, ein erfrischender Eiskaffee entzückten Emil eindrucksvoll. Elkes Essen entsprach erheblich Emils Erwartungen!

Ebensolchen Erwartungen entsprach eine erstaunlich erotische Elke, eine eindrucksvolle elfenhafte Erscheinung! Ein eher enthaltsamer Emil entflammte enorm, Elke erweckte enthusiastische Emotionen! Es erfolgten einige entscheidende Entwicklungen. Elke erlaubte Emil eindeutige ermunternde Einblicke, er erhielt ein extra Erdbeertörtchen.
Elkes einfühlsames Entgegenkommen erregte Emil extrem! Ermutigt erstrebte er Elkes Eroberung. Eine einsame Ecke entdeckend erwartete er echte eskalierende Erfolgschancen!

Empfindlich eingeschnappt entschied Elke empört, energiegeladenem Emil einen entspannenden Eierlikör einzuschenken, einschließlich eines Esslöffels entkräftigenden Extrakts. Ehe er es erfasste, ermüdete Emil eigenartigerweise, Emils Eingeweide erglühten entsetzlich. Explosionsartig entschlummerte er ernsthaft erschöpft, – ewig erlöst!
Erleichtert entsorgte eiskalte Elke etliche existierende Eierlikörreste. Erledigt!

Entschuldige, Emil!

Florians finaler Festtagsschmaus

5. Februar, Faschingszeit: Feuerwehrmann Florian feierte 50 Frühlinge! Freudiger Festtag für fettleibigen, frauenlosen Florian? Florian fluchte: Freizeitspaß fehlte, Frau fehlte, Fortuna fehlte! Folglich fühlte Florian fortwährend fürchterlichen Frust. Fix-fertig folgerte Florian: „Fortgehen, freudig feiern, fleißig futtern, fröhlich flirten!"

Franziskas florierendes Feinschmeckerlokal fand Florian fabelhaft! Fröhlich futterte Florian folgendes fürstliche fünfgängige Festtagsmenü: famose Fleischstrudelsuppe, feinen Frühlingstoast, frisches Forellenfilet, fantastischen Fasanbraten. Ferner folgten Feigenkuchen, Faschingskrapfen, frische Fruchtschnitten. Freibier floss fässchenweise! Fürwahr fatal förderlich für Florians Figur!

Fabelhaft fand Florian ferner freundliche, fürsorgliche Franziska: formvollendete Figur, feurig freizügig, frivol feminin, fraglos faszinierend! Fülliger Feuerwehrmann fing flott Feuer, flirtete fortwährend, fummelte frech, forderte fantasievolle fleischeslustige Fortsetzung!

„Feistes Ferkel frisst fraglos freudig frische Früchtchen!", faselte Filou Florian fanatisch. Franziska fand fidelen Florian fürwahr furchtbar, forderte folglich forsch Florians finales Fortgehen. Freilich fuhr feuriger Florian fleißig fort, frostige Franziska flachzulegen.

Folgenschwer fabrizierte falsch freundliche Franziska fruchtig frischen Frizzantecocktail, folternder Fingerhutextrakt folgte. Flugs fantasierte Florian, fröstelte, fühlte flammendes Fieber, Florians Füße funktionierten fehlerhaft, Florian fiel!

Fataler finaler Festtagsschmaus für Florian! Fernab frohlockte Franziska freudig, flink Frizzantereste fortleerend.

Finde Frieden, Florian!

Georgs gefährliches Geburtstagsgericht

Gestern gestaltete Georg, geschiedener Gemüsehändler, gönnerhaft geniale Geburtstagsfeier. Glorias gemütlicher Gasthof gefiel Georgs gut gelaunten Gästen großartig! Geschwind genoss Georg ganz gierig gigantisch gestaltetes Geburtstagsessen: grüne Gemüsecremesuppe, gefüllte garnierte Gänsebrust, gegrillte Geflügelspieße, geschmackvoll gewürzten Gurkensalat, großen Gugelhupf, glasierte Geburtstagstorte! Grandios! Genügend geistige Getränke gaben Georgs Geburtstagsfest gefährlichen Glanz!

Gut gebauter Gastronomin Gloria gefiel Georgs großer Gusto gewaltig gewinnbringend, glückselig grinsendem Gemüsehändler gebührend gefühlsbetont gratulierend. Genauso gewaltig gut gefiel Georg gleich Glorias glaubwürdige Gastlichkeit, göttliche Gestalt! Garantiert geiles Gspusi! Groggefüllt grölend ging Georgs Geburtstagsgesellschaft. Gern gebliebenem Georg gewährte glänzendes Goldstück Gloria gelassen „greifbare" Glücksmomente. Georg glotzte genüsslich, gestand, gierig Glorias gepfeffertes Gesäß grapschend, gefährliche geschlechtstreibende Gelüste. Genötigte Gloria gebot geduldlosem Genossen gestreng: „Genug geplänkelt, genug genervt!", gleichzeitig gedankenvoll guckend. Grotesk gesprächig genoss gutgläubiger Georg „giftiger" Glorias geheimnisvoll gemischten Gespritzten.

Grauslicher gallebitterer Geschmack gefährdete Georgs Gesundheit gravierend! Gespenstisch glühten Georgs Gesicht, geschwollene Genitalien, gelähmtes Gehirn, gefühllose Glieder! Gackerndem Gockel gnadenlos Garaus gemacht, Georgs Glas gründlich gewissenhaft gereinigt, genoss gefühlskalte Gloria gesundes Gläschen Gespritzten. Glück gehabt, gut gegangen, gnädig gestorben!

Grüß' Gott, Georg!

Hermanns heimtückischer Heurigenbesuch

Hilfsbereiter Hauswart Hermann hatte haufenweise harte herausfordernde Hausmeisterarbeiten. Hektisch hetzte Hermann hin, hetzte her, hantierte herum, half höflich hilfsbedürftigen Hausbewohnern. Hermanns Hoffnungsschimmer hinterher – Helenes hervorragender Heuriger!

Herzhaftes hausgemachtes Heurigenbuffet harrte Hermanns Heißhunger: Haussulz, Hirschgulasch, Hühnerbrüstchen, Husarenkrapferl, Haselnussschnitten. Himmlischer Hochgenuss!

Helenes hitverdächtige Hausmannskost hastig hineinstopfend, heimtückischen Heurigen hinunterspülend, huldigte Hermann hingebungsvoll Helenes hübschem Hintern.

Heitere Heurigenwirtin hatte Herrn Hermann herzlich hereingebeten. Helenes herausfordernder Hüftschwung, helle Haut, herrliche heiße Hügel, hatten hartnäckige Hirngespinste herbeigeführt! Hermanns Hormone hatten Hochsaison!

Hypererregter Hermann handelte hirnverbrannt, hielt halsstarrig Helenes Händchen, herzte hemmungslos Helenes honigsüßen Hals, hüllenlose horizontale Höhepunkte herbeisehnend. Hermanns heißblütige Handgreiflichkeiten hatten Helenes Handlungsbedarf heraufbeschwört. Hurtig hatte Hingabe heuchelnde Helene hitzigem Hengst Hermann hochprozentigen Holunderschnaps hingestellt, halbwegs harmlosen hyperaktivitäthemmenden Himmelschlüsselextrakt heimlich hinzugefügt.

Häufiger Harndrang, hochgradige Hodenschwellung, höllische Hitzewallungen, heftiges Herzflimmern hinderten hernach hundemüden Hermann Helene herumzukriegen.

Hermann halluzinierte hilflos, hoffnungslos himmelwärts hochfliegend! Heilfroh handelte herzlose Helene, heiklen Himmelschlüsselextrakt hinwegleerend.

Heiliger Himmel! Halleluja!

Isidors irritierender Imbiss

Im Industriehafen ist Ilses Imbissstand ideal installiert. Islamischem Industriearbeiter Isidor imponiert interessante Inhaberin Ilse immens. Ihrethalben isst Isidor infolge immer ihre innovativen Imbisse: italienische Innereien, ideenreiche Iglokost, Ingwerbäckerei, Instantkaffee, Inländerrum inklusive.

Ilse ist Isidors Idol, irgendwie inspiriert ihn Ilse irrsinnig, insbesondere ihr innerer Inhalt ist imposant!
Immerhin ist Ilse imstande, Isidors intime imaginäre Ideen irrezuleiten. Irgendwann ist idiotischer Isidor intensivst impertinent. Ilse, instinktiv irritiert, ignoriert Isidors impulsive intolerable Intimitäten.

Insgeheim injiziert Ilse irgendwelche Insektenvertilgungstropfen in Isidors Ildefonso. Infolgedessen intensivieren irrsinnige innere Irritationen irrgläubigen Isidors Impotenz.

Ironischerweise importierte inzwischen irgendein indischer Industriefrachter irgendeine interne Infektionskrankheit.
Isidor ist involviert, indisponiert, infiziert, irgendwo isoliert in irgendeiner innergalaktischen Intensivstation! International inexistent, – irreal!

Intelligente Ilse inspiziert indessen ihr Inventar, illegale Indizien inaktivierend.
Inschallah!

Josefs jenseitige Jause

Journalist Josef, jugendlicher Junggeselle, joggte jeher jahrein, jahraus. Jüngstens japste Josef jämmerlich: „Jausenpause, jetzt!" Juttas Jausenstation – jederzeit: „Ja"!!

Josef jausnete Jausenschmankerl jederart: Jägerschnitzel, Jägersalat, Jungfernbraten! Joghurtschale, Johannisbeertorte!

Jungunternehmerin Jutta – jungfernhaft jung, jovial, Jeans, Jasminparfum! Josef jubelte! Jackpot! Josef jagte Juttas Jungfräulichkeit!? Jagdglück? Josef jonglierte!

Jutta jedoch – jähzornig! Jemine! Juttas Joker – Jagatee, Jamaikarum, japanischer Jungpflanzenextrakt!

Josef jammerte, Josef jaulte! Jammerschade! Justament jetzt! Jauchengestank! Jämmerlicher jäher Joggertod!

Jedenfalls jubilierte Jutta! Ja, ja, jener japanische Jungpflanzenextrakt!

Jesus! Josef jagt jetzt jenseitige Jungfrauen!

Konrads katastrophaler Kneipenbesuch

Konrad, korpulenter Kaufhausdetektiv, konnte kürzlich keinen Kaufhausdieb kriegen. Kaufhausleiter Killmann kündigte Konrad kurzfristig, Kaufhausdetektivs konzentrationsschwache Kooperation kritisierend.

Karins köstliche Kneipenkost könnte Konrads kapitalen Kummer komplett kurieren! Kein Kostverächter konsumierte Konrad konsequent Karins kulinarische Köstlichkeiten: Kräuterschöberlsuppe, Kalbsgulasch, Kartoffelknödel, knuspriges Kotelett, Krautsalat, Kokoskuppeln, kernloses Kirschenkompott. Klasse! Kompliment! Konrad kaute kräftig, Konrads Kiefer knackten kraftvoll.

Knackige Karin kicherte kokett, Konrads Kugelbauch keck kraulend. Knisternder Körperkontakt kostete Konrads Kontrolle! Konrad knabberte Karins Knöchel, kitzelte Karins Knie, küsste kühn Karins Köpfchen. Konrad kalkulierte: kuscheln, kosen, koitieren! Konrad keuchte kriegerisch, Konrads klassische Kanone kochte!

Kategorisch kombinierte Karin kühl – Koitus? Keinesfalls! Konrad – kein Kavalier! Kein Kondom! Karin kommandierte konkrete Klarstellung, Konrad knutschte Karin kontinuierlich konzentriert. Konrad kastrieren? Kompliziert!

Kurzentschlossen kontaktierten kleine Kügelchen Konrads kräftigen Kognak-Kaffee. Kaum konsumiert, kamen konstante Komplikationen: Komisch konfus, kreidebleich, kraftlos, kriegte Konrad Kopfschmerzen, Koliken, Krämpfe!

Konrad kollabierte klagend, krepierte komischerweise kurzerhand. Katastrophaler Knalleffekt!

Klugerweise konnte Karin klammheimlich kuriose Kügelchen kanalisieren. Killte Karin Konrad kaltblütig?

Kein Kommentar!

Lothars letaler Leichenschmaus

Lothar, lustiger lediger Lagerhausangestellter, lächelte leise. Letztendlich langjährigen lästigen Lagerhausverwalter losgeworden! Lothar lockte legale leitende Lebensposition!

Lobenswerte Leichenschmauslokalität: Lisas Landgasthof! Leckermaul Lothar, leichenblasse Leidensgenossen links liegen lassend, legte los! Lauter Leckerbissen lieferten Lothar lohnende Lichtblicke: leckere Liptauerbrote, Leberknödelsuppe, legendärer Leberkäse, Linsen, Lungenbraten, Letscho, lockere Linzertorte, Lebkuchen, Laugenbrezeln.
Lebenslustige Leichenschmausgäste leerten literweise Lagerbier, Landwein, Longdrinks.

Lagerhauskollegen lärmend losgezogen, lobte Lothar lächelnder Lisas lukullische Leckereien, Lisas liebenswerte Lebensfreude, langbeinige Lebhaftigkeit, lolitahafte Leichtlebigkeit.
Lisas lieblicher Lavendelduft, langhaarige Lockenpracht, leuchtende Lippen, ließen liebestollen Löwens Libido leidenschaftlich lodern, lockerten Lothars lüsterne Lenden. Lustvolles lohnenswertes Landliebchen lockte!
Lisa, leider lesbisch, las lästigem Lothar logischerweise lustlose Leviten: „Lass lieber los, liederlicher Lustmolch!"
Leckerer Latschenkieferlikör lähmte letztlich Lothars Lüsternheit. Lothar litt leichenblass, lallte, lamentierte: „Leibschmerzen, Luft!", lag letztendlich leider leblos längelang. Luzifer lauerte längst!

Läppische Lebensmittelvergiftung? – Letaler Leichenschmaus! Listige Lisa leerte lässig, lieblos lächelnd, Lothars Likörflasche.

Lebewohl, Lothar!

Manfreds makabres Mittagsmenü

Montagmorgen meisterte Manfred mit missmutiger Miene maßgebende militärische Musterung. Militärpflichtig! Manfred müsste Militärdienst machen!
Missgelaunt mutmaßt Manfred: „Mist! Monatelang mickrige minderwertige Militärkost, monotones Missvergnügen!"
Mittlerweile Mittag, möchte müder, mürrischer Manfred mit mächtigem Mordshunger möglicherweise mehrgängiges Menü mampfen.

Marias modernes Marktrestaurant magnetisiert Manfred maximal. Marias mannigfaltiges Mittagsmahl mundet Manfred maßgeblich: Milzschnittensuppe, Majoranfleisch, Makkaroniauflauf, Melanzaniragout. Most massenweise minimiert Manfreds Mordsdurst!
Mitfühlende Maria motiviert Manfred mit mancherlei Meisterkochmethoden. Malakofftorte, Milchrahmstrudel, mehrere märchenhafte Marillenknödel mit Milchkaffee machen Manfred merklich munterer, maßlos mutig! Mahlzeit!

Madonnenhafte Maria, modisches Mädchen, magnetisiert mitteilsamen Manfred magisch. Manfred mag Marias monumentale Molligkeit, Marias makellosen Mund! Maria mobilisiert mehrfach Manfreds markante Manneskraft.
Momentan möchte muskulöser Militärdienstanwärter mitreißendes Mußestündchen, megacoole Mordsgaudi mit Mätresse Maria!
Missverständnis! Maria, Machomanieren missbilligend, maßregelt Möchtegern-Manfred mehrfach! Manfred missachtet mechanisch Marias mehrmalige Mahnungen.
Mordslustig mischt Miststück Maria mittlerweile Manfreds Mixgetränk mit Morphium. Mordsdurstig mundet Manfred Marias makabre Mischung.

Mysteriöse Magenkrämpfe, massive Muskelschmerzen, marternde Migräne minimieren Manfreds Männlichkeit, machen Manfred müde, matt, mucksmäuschenstill, – mausetot!
Merkwürdiges Malheur! Morbide Magenverstimmung? Mutmaßliches Missgeschick?

Mit merklichem Mordsspaß modernisiert Maria mehrere Medikamente.
Man munkelt: Marias Mixgetränke machen meistens müde Männer mächtig munter, mitunter manchmal muntere Mannsbilder maßlos müde!!!

Madonna Maria, memento mori!

Nikolaus' narkotisierendes Nachtmahl

Nachtportier Nikolaus nervten neuerdings nutzlose Nachtschichten.

„Nächster Nachtdienst nur nach niveauvollem Nachtmahl!", nörgelte Nimmersatt Niki, notwendigem Naturinstinkt nachdrücklich nachkommend.

Nahegelegenes neues nobles Nonstoplokal „Nora" nominierend, nahm Niki neulich nachfolgendes nahrhaftes Nachtmahl: Nudelsuppe, Nussschinken, Nierenbraten nebst Nockerln, noch Naturschnitzel nebst Nudeln, nachher Nussroulade, nun noch'ne Nougattorte! Nachschub! Niki naschte nachhaltig Nusskipferl, nippte Nisslikör, neckte noch nebenbei niedliche Nymphe Nora. Nora nahm neugierig Notiz, nickte netterweise, Nikolaus nochmals Nusslikör nachschenkend.

Noch neugieriger nahm Nikolaus Notiz: Noras Natürlichkeit, Noras Näschen, Noras Nacken, Noras nagelneue nachtschwarze Nylonstrümpfe!

Nicht nüchtern, nicht nachdenkend, Nixe Nora nachstellend, nutzte närrischer Nachtportier nachdrucksvoll Noras nächtliche Nächstenliebe. Nackte Nachtschicht neben Nora? Natürlich!

Nonsens! Nora negierte: „Nein, nicht! Niemals!"

Nichtsdestotrotz nervte naiver Niki neuerlich, Noras negative Nachdrücklichkeit nichtbeachtend.

Nichtsahnend nippte naschhafter Niki noch Noras Nescafé nebst nervenberuhigendem Narkotikum. Nennenswerter Nachgeschmack! Nanu? Nebelschwaden? Nicht normal! „Noch'n Nickerchen!", nuschelte narkotisierter Niki.

Nunmehr niedergestreckt, nervte Niki nimmermehr! Nora notgedrungen nachgeholfen? Natürlich nicht nachweisbar! Nicht nachahmenswert!

Nimmerleinstägiger Nonstop-Nachtdienst nervt nun Niki.

Ottokars obskures Orientalgericht

Odenwalds Obsorge oblag örtlichem oberschlauem Oberförster Ottokar. Ottokar observierte ordnungsgemäß Otter, Opossums, Ozelots, ortete Ozonlöcher, Orkane, organisierte ornithologische Orientierungsmärsche, obwaltete obendrein Odenwalds Ökosystem.

Odenwalds Oberhäupter orderten obergescheiten Oberförsters Ordensverleihung! Optimales Omen ohnegleichen! Örtlichkeit obligatorischer Ordensfeier: Orientbar „Orchidee"!

Ordensglücklicher Ottokar orderte ordentliches opulentes Orientalgericht: Orientalische Omelette, Ochsenbrust, Oberskrensauce, Oliven, Orangencremetorte, Ölkuchen, Obstwein! Obendrein okkulte Orienttänze!

Oberförsters Obsorge oblag optisch orientalischer Olivia: Oben ohne, obendrüber orangefarbener Organzaschal, orchideenhaftes Odeur; orientalische Ottomane, obendrauf ornamentaler Orientteppich, obenauf Olivia, Ottokar offenbar original orientalische Orgie offerierend!

„Optimale Okkasion!", orakelte Ottokar, Olivias Oberweite obszön observierend, ohnedies oftmalig Obstwein organisierend.

Offensichtlich offensiv, Oberförsters ordnungswidrige ordinäre Offenbarungen opponierend, offerierte Olivia Ottokar orientalische Opiumpfeife.

Obwohl offenkundig orientierungslos, okkupierte olivgrüner Ottokar Orientbars Örtchen – ominöse Oberbauchschmerzen, Ohrensausen, Ohnmacht! Out! Oje!

Oha! – Oberfauler Obstwein oder obskure Opiumpfeife? Olivias oberschlaue ordentliche Organisation obsiegte!

Ob ordengeschmückten Ottokars orderte Odenwalds Oberkirchenrat ordnungshalber offizielle Oratoriumsmesse, Orgelklänge, Orchideen!

Orate!

Peters peinigendes Picknick

Permanente Probleme plagten pessimistischen Postbeamten Peter: Postamtschließung, Postenverlust, Potenzschwäche, Partnerin pfutsch!
Pausenlose Pechsträhnen, peinliche Pannen, planlose Perspektiven prädominierten Peters Persönlichkeit.
Peters Power-Psychologin Pamela proklamierte positive Prognosen, prophezeite Peter passende, patente Partnerin, präsentierte potenzsteigernde Pillen, plante prompt privates Picknick!

Plötzlich putzmunter plünderte Peter Pamelas prallvollen Picknickkorb, probierte Pilz-Paradeiser-Pizzaschnitten plus Parmesan; Presswurst, Putenpastete, Partysalat, Plundergebäck, Punschkrapferl, Pflaumenkuchen. Perfektes Proviant-Potpourri!
Pamelas psychologisches Projekt prosperierte planmäßig prächtig! Prickelnde Pfirsichbowle, Piccolosekt plus piksüßer Pralinen produzierten pikante Paradiesvorstellungen. Prost!

Penetrant parfümierte Pamela poussierte provokant, plauderte pfiffigerweise pausenlos. Pamelas possierliche Präsenz, puppenhafte Pose, pralle Proportionen, prachtvoller Popo – prima prädestiniert pro Postillions Potenzsteigerung – provozierten Peters progressive Perversionen.
Partout plante plötzlich potenter Peter possessive Paarung plus perfekter Partnerin Pamela.
Pamela protestierte panisch pikiert – Psychotherapeutins prospektive psychologische Pläne platzten! Playboy Peters plumpe permanente Penetranz plus pausenloser Peinlichkeiten provozierten Pamelas perfiden Präventivangriff:
„Pflichtbewusste" Pamela präsentierte Peter prima Pflaumenschnaps paradoxerweise plus potenzsenkender Pülverchen. Prösterchen!

Prompt peinigten Peter problematische Panikattacken, Peters Puls pochte pfeilschnell! Plumps! Peter plötzlich passé!
Passierten Psychologin Pamela prägnante Pannen? Pizza-Pilze, potenzsteigernde Pillen, potenzsenkendes Pulver?
Prädestination? – Peters Pech!

Penibel polierte pfiffige Pamela Peters Pflaumenschnaps-flasche, putzte präzise Peters Plastikbecher, prüfte professionell präsente Picknickreste.
Pardon, Peter!

Quirins qualvolle Quartierkost

Qualifizierter Quellwasserforscher Quirin – Quellwasser-untersuchungen querfeldein, querab, querdurch, querüber.

Quirins Quartiergeberin Quinta – quietschvergnügte, quirlige Queen! Quetschkartoffeln, Quarkkuchen, Quittenmus, Quargeln, Qualitätswein!
Quirin quatschte quietschfidel, quetschte Quinta, quälte Quinta! Quickie! Querlegende Quinta quietschte, Quirin querulierte querköpfig. Quergekommene Querelen!

Quäntchen Quecksilber querte Quirins Quittenspritzer. Quäl geist Quirin quälten Quaddeln, Quirin quäkte, Quirin quengelte! Quietschlebendig quittierte Quinta Quirins qualitativ quanti-tative Qualen, quasi Quirins Quartierlosigkeit.

Quellwasser – quecksilberhaltig? Quatsch!

Rolands rabenschwarzer Restaurantbesuch

Romanautor Roland resignierte ratlos: Regionale Redaktion retournierte Rolands Rohentwurf!

Rückblickend – Roland regelmäßig rumgefahren, recherchiert, Riesenanstrengung, Riesenanspannung! Resultat? – Richtig rückschrittlich!

Runterschluckend reagierte Roland rundweg rasch: Ruhepause! Raus! Relaxen! Regenerieren! Riesenhunger! Riesendurst! Romantisches Rendezvous, resultierender Riesenspaß! Ruckzuck realisiert!

Renoviertes Restaurant „Rathauskeller" reizte Roland riesig! Repräsentable Restaurantbesitzerin Renate, retrospektives Revuegirl, reichte Roland Rindssuppe, rekordverdächtige Rippchen, rustikalen Rahmrindsbraten, Roten Rübensalat, reichlich Rindsgulasch, Röstkartoffeln. Riesengroßes Rehschnitzel, Rotkraut, Reis rutschten ratzeputz runter. Rheinischer Rebensaft, roter Ribiselwein rannen restlos runter, Rhabarberstrudel, riesige Rumkugeln regenerierten Roland rasant.

Rotwangiger Roland, richtiggehend reaktiviert, redete rege, rülpste rüpelhaft! Rundherum relaxt registrierte redefreudiger Roland Renates reizvolle reife Rundungen, reizende rötliche Ringellocken, roch Renates raffiniertes Rosenparfum.

Rassiges Rehlein Renate raubte reflexartig Rolands Ruhe, Raubtier-Rüde röhrte realistisch reizbar!

Rasender Roland, respektlos rangehend, rundheraus rumfummelnd, rempelte rau Renates rundliche Rückseite. Reißverschluss rücksichtslos runtergezogen, riss Renates Rock! Ramponiert, reserviert rügte Renate rambohaften Roland resolut, Roland rebellierte rechthaberisch. Renate reflektierte rasch: Roland rausschmeißen? – Riskant! Ruiniert Rathauskellers Ruf. Roland ruhigstellen? – Richtig! Rettet Rathauskellers Ruf!

Reaktionsschnell reichte rigorose Renate ruhelosem Roland randvolles Rumglas. Restlos runtergespült, raste Roland raus! Rolands rektale Region rumorte, revoltierte regelrecht reißend. Rolands Riechorgan rann, rasende Rückenschmerzen raubten relativ rapide Rolands Raumwahrnehmung.
Rosaroter Rauschzustand reduzierte Rolands Reflexe. Rasch regungslos, rettungslos reaktionslos röchelte Roland!

Renates Rizinusöl realisierte recht rätselhafte Reaktionen! Renates rabenschwarze Rache richtete Roland radikal! Ruhig reinigte raffinierte Renate Rolands Rumglas.

Ruhe redlich, Roland!

Sebastians satanischer Sonntagsschmaus

Schladming, Skisaisonende: Sebastian, siegreicher Slalom-
läufer, schaffte soeben seine sensationelle Spitzenleistung – seine Silbermedaille!
Sonntagabend spendierte siegestrunkener starker Sebastian
seinen Skikollegen schöne Siegesfeier samt sonntäglichem
Schlemmermenü. Stadtbekanntes Spezialitätenrestaurant schien
selbstbewusstem Spitzensportler schicklich stilgerecht.

Sportbegeisterte, sehr sympathische Sandra servierte stolzem
Sebastian strahlend sämtliche schmackhafte Speisen: Schöberl-
suppe, Schafskäse, saftigen Schweinsbraten samt Semmel-
knödeln sowie Schwammerlsauce, scharfes Saftgulasch, Spätzle,
Selchkarree, Senfgurkerl. Sellerie sowie Spargel stärkten spe-
ziell Sebastians sündiges Sexverlangen. Sachertorte, süßer Stru-
del samt Schlagobers sowie Schokoeis steigerten schließlich
Schleckermaul Sebastians Stimmung.
Siegesfroher Sportsmann schnabulierte, schmauste, schmatzte.
Schlanke schwungvolle Serviererin schmeichelte sattem Sebastian, schäkerte, signalisierte sinnliche Seelenverwandtschaft.
Sekt, Scotch, Sherry, sechs Stamperl Slibowitz sowie Sandras
sexy Schmollmund, süße Stupsnase, stramme Schenkel samt
schwarzen Strapsen stimulierten scharfgemachten Skifahrers
Sinne schlussendlich so sehr, sodass seine Schäferstündchen-
Sehnsucht samt Schmusekätzchen stetig stieg.

Schonungsloser Sturmangriff! Startschuss! Schöne Superfrau
sollte sich setzen, stillhalten, strippen! Sprungbereiter Stier
stürmte spontan schnuckelige Stute!
Standhafte Sandra streikte selbstverständlich stocksauer, schalt
schwanzwedelnden Sebastian streng: Solcherlei schweinische
Spielchen seien skandalös! Sebastian seinerseits sträubte sich
starrsinnig schlappzumachen.

Schleunigst, sich selbst schützend, strafte stutenbissiges Satansweib schwatzenden sowie schmusenden Sonnyboy. So schlürfte Sebastian sein siebentes Stamperl Slibowitz samt sechs Schlaftabletten.

Schlagartig schwand sein störender Sexualtrieb. Schweratmig, schlapp, schwach, sowie sehr schläfrig stammelte Sebastian, schnaufte, schwitzte, spürte seltsamen Schüttelfrost, Schwindel, Stuhldrang sowie schreckliche Schulterschmerzen. Sonderbare Sinnestäuschungen, sodann schwereloser Schwebezustand schenkten schreckensbleichem, sterbenselendem Skisportler sorglose Seligkeit.
SOS? – Sinnlos! Sebastian schachmatt! Sendeschluss! Saublöde Situation!
Scheinheilige Sandra seufzte, schließlich starb Sebastian seltsam suspekt. Schlaganfall? Salmonellenvergiftung? Sandras Sonderbehandlung? Schicksalsfügung? Schleierhafte Sache!

Seelenruhig siegesbewusst spülte superschlaue Serviererin sicherheitshalber Sebastians Schnapsglas sehr sorgfältig.

Satan, schenke Sebastian Seelenfrieden!

Theophils teuflische Tafelfreuden

Theologe Theophil tätigte trübsinnig triste theoretische Termine, todlangweilige Thesen – tausende trübselige Tage! Törichte Theologentagungen traktierten teilnahmslos teilnehmenden Theophil tödlich. Tiefe Torschlusspanik traumatisierte tugendhaften Theologen! Theophil traumwandelte, Theophil tagträumte: Totaler Tapetenwechsel täte Theophil tunlichst therapieren – terminlose Tage, tadellos tafeln, teures Tröpfchen trinken, Torheiten tun, temperamentvoll turteln!

Tamaras Taverne transformierte tatsächlich Theophils trügerische Tagträume. Tamaras traditionelle Tagesgerichte trösteten traurigen Theologen trefflich: Tsatsiki, Trüffelteigtaschen, Thunfischsteaks, Truthahnrollbraten, Tafelspitz, Tomatensalat. Theophil testete tolle Topfenpalatschinken, Traubentortelettes, trank trinkfreudig trockenen Tafelwein.

Tamara, tizianrotes todschickes Teufelsweib, trällerte Trinklieder, tätschelte Theophils Toupet, tröstete Theophil talentiert.

Tolerantem Theophil taugte Teufelins tabulose Tuchfühlung total! Tamaras transparentes trägerloses Top torpedierte Theophils Testosteronspiegel teuflisch. Tolldreist tastete Theologe Tamaras Tanga, tollkühn traktierte topfitter Tiger tolle Tigerin.

„Tugendsame" Tamara tadelte taktlosen Theophil, trotzdem tanzten törichten Theologens tierische Triebe.

Tückisch transferierte Tamara teuflische Tranquilizer-Tropfen, tränkte turtelnden Täuberich. Trunken, todmüde taumelte Theophil. Totenblass Toilettengang tätigend, traktierten Theophil Thoraxschmerzen, Taubheitsgefühle! Tödlicher Tiefschlaf tilgte tatsächlich triebhaften Theophils Temperament! Tragisches Theater! Theologischer Tagtraum?

Tröstlichen Tequila trinkend, triumphierend Trinklieder trällernd, trocknete Tamara Theologens Trinkglas tadellos.

Teuflische Träume, Theophil!

Umbertos ultimativer Umtrunk

Ungeheure Unternehmungslust überkam unlängst überarbeiteten übergewichtigen Umberto. Überaus unglaubliche Umsatzsteigerungen überschütteten überraschend Umbertos übernationales Unternehmen und unterbanden Umbertos Unsicherheit.

Überglücklich über unternehmerische Umsatzerfolge unternahm übermütiger Umberto umgehend unbekümmerte Überdrüber-Unterhaltungstour.

Üppige Überraschungsspeisen und überreichlicher Umtrunk überwältigten unersättlichen Unternehmer: ungewöhnliche Ulmersuppe, unzähliges Überbackenes, ungarisches Überbratenes, ungekochter Umaifisch, ungeschälte Urdbohnen, ungesalzener Umurkensalat, überzuckerte Überraschungseier, überdies Unmengen Urpils und Uhudler!, usw., usf.

Ulknudel Ursulas umwerfendes unzüchtiges Unterhaltungsprogramm übertraf Umbertos ultimative Universalerwartungen! Unikat Ursula umgarnte und umschmeichelte unverheirateten Umberto, Ursulas überwältigende Überweite und überzeugende Unschuldsmiene übersteigerten ungeheuerlich Unternehmers Ungeduld und Unverstand.

Unbändige Urinstinkte übermannten Umberto unaufhaltsam. Überessen, übersättigt, umnebelt und übererregt umschlang Umberto unartig Ursulas überquellendes Überangebot und umklammerte ungeniert und unverschämt Ursulas Unterleib.

Unersättlicher Umberto übertrieb unvernünftigerweise unmissverständlich! Umbertos undisziplinierter Umgangston überrumpelte und überforderte unwillige Ursula ungemein. Ungehorsam umarmte unser überhitzter Unternehmer Ursula unentwegt und übermittelte unmoralische Übernachtungswünsche.

Unfolgsamen Umbertos unaufhörlicher unsittlicher Übergriffe überdrüssig, unterbrach Ursula ungehalten unausstehlichen Unternehmers übereifrige Überredungskünste.

Unbewegt und unbeobachtet, Umbertos ultimativen Umtrunk umgefüllt, überdosierte Unlusttropfen untergemengt und überreichlich umgerührt, unterschob überirdischer Unschuldsengel unerzogenem Unglücksraben ungewöhnlich üblen Underberg.

Urplötzlich unfähig Ursula „umzulegen", überkamen Umberto ungelegen ungewöhnliche Urängste.
Unerklärliche Unruhe und Übelkeit, unerträglicher Urindrang, Unterleibsschmerzen und unheimliche Untertemperatur überfielen unerwartet unseren unglücklichen Unternehmer. Unterarme und Unterschenkel unbeweglich, umgab Umberto unversehens unheilvolle Umnachtung.
Unwirkliche Überlebenschance! Umberto – umgefallen, umgekommen, umgebracht? Unbewiesen!
Übermäßiger Uhudler? Unverträglicher Underberg? Unbegreifliches Unglück! Unerfreulicher Unfall! Unweigerlich unter üblichen Umständen überanstrengt und überbeansprucht!

Unsere unbarmherzige „unschuldige" Übeltäterin überprüfte und unterschlug unterdessen übereifrig und übermütig Umbertos übriggebliebene Umtrunkreste.

Unendliche Unsterblichkeit umgebe Umbertos Urne!

Veits verflixte Vespermahlzeit

Veits Valentinstag verlief vorerst völlig verheißungsvoll. Viele vorhergegangene Vorkommnisse versprachen verlockende Veränderungen von Veits vergnüglichem Volksmusikantenleben.
Veits viel versprechender Volksfestauftritt vom Vorabend veranlasste Veranstalter Volkmar, vergnügten Veit vielen verbesserungswürdigeren Volksmusikern vorzuziehen.
Volkmar verlängerte verbindlich Veits Vertrag, Vorschüsse vorstreckend, Veits Verdienst verdoppelnd. Veits voller Veranstaltungskalender vitalisierte Veit völlig!
Vorgenommene Vorsätze vom verschönerten Valentinstagsabend, vom verschwenderischen Verköstigen vorzüglicher Vesperimbisse, vom Verwöhnenlassen, vielleicht Verführtwerden, verlockten vitalen Veit verständlicherweise vordringlich.

Vronis verruchtes Vorstadtlokal verwirklichte vollends Veits verträumte Vorstellungen. Vielfältige variationsreiche Vesperspeisen verwöhnten Vielfraß Veit. Vorerst verschiedene vegetarische Vorspeisen vollständig verschlungen, verzehrte Veit Vollkornbrot, Verhackertes, verputzte vortrefflichen Vanillerostbraten, vitaminhältigen Vogerlsalat, versteckte Vogelnester, verzehrte Vanillepudding, Vanilleeis, verkostete viel verdauungsfördernden Vogelbeerschnaps.
Verklärendes Völlegefühl verstärkte Veits verwegenes Verlangen, vollbusiger Varietétänzerin Vroni von verlockenden Vertraulichkeiten vorzuschwärmen. Vollauf verzückt von Vronis verführerischen Verrenkungen, vollschlanker Vollkommenheit, verwirrendem Veilchenparfum, vibrierte Veits vulkanisches Ventil vielsagend.
Veits verwerfliche Vorstellung vom verborgenen Venushügel verflüchtigte Volksmusikers Verstand vollkommen. *Vollleibiger Vogelfänger vernascht vollreifes Vögelchen! Vollbluthengst vögelt Vollblutweib!* Völlig verdorbene vulgäre Vorstellungen!

Verstimmt verabscheute Vroni von vornherein verrückten Volksmusikers vernunftwidriges, vorlautes Verhalten. Vroni verwarnte vogelfreien Veit vorsichtig, vermeintliches Verständnis vortäuschend.

Verteufeltes, vorfreudiges Verlangen verspürend, verschluckte Veit vorausschauend vier – vorher vorsätzlich von Vroni vertauschte – Viagrapillen. Verhängnisvoller Vorfall!

Verflixt! Verzweifelt versuchte Veit, verheißungsvolle Verwirklichung von verlockenden Vergnügungen voranzutreiben. Vergebens! Veits verbotenes Verlangen verschwand vollauf, Veits Verdauung versagte vehement, Veits Venen verklumpten.

Veits völlig verändertes verdächtiges Verhalten verwunderte Vroni. Verursachte Veits Verzehr von Vronis verhältnismäßig verträglichen Vitaminkapseln vielleicht Vergiftungserscheinungen? Vermutlich vielfach versehentlich vertauscht?

Verheerende Verschlechterung von Veits Verhaltensstörung verursachte vollkommenes Versagen vereinzelter Ventrikel.

Veit verstarb vorzeitig, verschied verfrüht. Verhexte Vorkommnisse vollendeten Veits viel versprechenden Valentinstag. Verwunderlich? Vorhersehbar? Vollziehbar?

Vorsichtiges Vorgehen vonnöten, vernichtete Vroni vorsorglich Vitaminkapseln, Viagrapillen, Vogelbeerschnaps.

Vaterunser!

Wilfrieds wirkungsvolle
Wirtshausschmankerl

Wachmann Wilfrieds Werktage waren wirklich weitgehend widerwärtig. Wachsame Wachdienste warteten widerspruchslos, wöchentliche Weiterbildungskurse wurden widerwillig wiederholt, weiters winkte wahrscheinlicher Wachstubenwechsel, weil Wilfrieds Wachsamkeit widerlegt wurde.

Warum war Wilfrieds wunderliche Welt wohl wertlos? Wilfrieds Weggefährtin war weggelaufen! Weswegen wohl? Wankelmütiges Weibsstück! Wilfried wollte Wohnung wechseln – weit weg! Wilfrieds Wagen wurde weggeschnappt! Weshalb? Wilfrieds Waffe war weggekommen! Wieso?

Wilfrieds wöchentliche Wermutstropfen waren wie winzige Wespenstiche, woraufhin Wilfrieds weggedrängte Wut wiederum wuchs. Wennschon, wurscht! Wilfried war wichtig, weitere Widerwärtigkeiten wegzustecken, weswegen Wachmanns Wochenende wenigstens wunderbar werden würde.

Wilfrieds wesentlicher Wunsch war, wieder Wohlgefühle weckende Wirtshausschmankerl wegzuputzen, womöglich weiters wundervollen weiblichen Wesen weiszumachen, wie wildromantisch Wachmänner wären.

Wohlan, wohlbekanntes Wirtshaus wartete! Wichtigtuerischer Wachmann war weitaus willkommen, weil Wilfrieds Wolfshunger wahrhaftig wahnsinnig werbewirksam war.

Wirtin Waltrauds würzige Wildgerichte waren wohltuend wirksam: Wohlschmeckende Wildpüreesuppe, Waldviertler Wildragout, Wienerwald-Wildschweinfilets, Weinviertler Wachteln, weiches Wildenten-Wurzelfleisch, warmer Weißkrautsalat waren wahrlich weiterempfehlenswert!

Wohlgemut werkelte wendige Wirtin, wieselflink wolfshungrigem Wachmann warme Waffeln weiterservierend.

Wohlgebaute Witwe Waltraud war Wilfried wirklich wohlgesinnt. Wundervoller Wachauer Weißwein wiederbelebte weiters Wilfrieds Willenskraft. Wohlsein!

Wohltuend wohlgenährt, wonnetrunken witterte wagemutiger Wilfried weibliche Willensschwäche. Warmherziger Waltrauds wohlgeratene Weiblichkeit, wogende Wölbungen, wasserstoffblonde Wuschelhaare wohlgefällig wahrnehmend, wuchsen Wilfrieds wollüstige Wahnvorstellungen!

Wedelnder Wolf wollte wunderschöne Wildkatze wildern, woraufhin widerborstiges wildes Wesen wölfischen Wüstling wütend wegstieß.

Während wahnwitziger Werwolf warmblütige Waghalsigkeiten wiederholen wollte, wich Wilfrieds Weißwein würzigem Wacholderschnaps, wohinein wahrhaftige wirkungsvolle Wermutstropfen wanderten. Wehe! Wie wirkungsvoll, – weitaus wirksamer wie's wohlerzogene Waltraud wünschte, – wusste währenddessen würgender, wehrloser Wicht.

Wilfrieds Wildheit wich wertloser Wenigkeit, wirrer Wunderlichkeit, wirklichkeitsfremdem Wahrnehmungsvermögen.

Was widerfuhr warmblütigem Werwolf? Wilde wahnsinnige Wachträume?

Wilfried wehklagte, weil widerwärtige Winde wehtaten, wollte weglaufen, woraufhin Wilfried wankte, weil widernatürliche Wadenkrämpfe wiederkehrten. Winziger willenloser Wurm wurde widerstandslos weggewischt.

Weitblickende Wirtin Waltraud wusch wohlbedacht Wilfrieds Wacholderschnapsglas, Weinreste wurden wortlos weggeleert, Wermutstropfen wohlweislich weggeschlossen.

Weit, weit weg wartet Wachmanns weiträumige Weltall-Wachstube, wohin Wilfried widerwillig weiterversetzt wurde.

Wiedersehen!

Xerxes' xegnete Xundheitskost

Xylofonspieler Xerxes – Yogalehrerin Ymira xehn.
X-fache Xundheitskost : Xelchtes, Xottenes, xalzenes Yakfilet,
xäuerte Yamswurzeln, Ysopgewürz, xüßte Yoghurtschale.
X-mal xundes Xöff! Xundheit!

Xättigter Xerxes – Ymira x-fach xinnt!
Ymira – xunder Xamteindruck, xunde Xichtsfarbe, xegnetes
Xäß, – Xerxes' Xundbrunnen! Ymira – xelligen Xerxes' x-te
Xellschaftsdame?

Xittete Ymira – xonderter Xinnungswandel! Xanthippe!
Xundheitsschädliches Xylol-Xöff! Xetzwidrig!

Xerxes – x-förmiges Xicht, xalzener Xamtschaden! Xylol – xon-
dert xichert.
Xegnete Xänge!

Zenos zigeunerhaftes Zechgelage

Zuhause zitterte zockender Zeitungsverkäufer Zeno. Zeitgerecht zu Zwanziguhrnachrichten zurechtgekommen, Zettel zurechtgelegt, zappelte Zeno zusehends, zuckte zuletzt zusammen: 200. Zahlenlottoziehung zeigte zweifelsfrei Zenos Zahlen!
Zugleich – zumal zweifelsohne zukünftig zahlungskräftig – zerriss Zeno zahlreiche Zeitungen, zerdepperte ziellos Ziergegenstände, zerlegte zerfallendes Zimmermobiliar.
Zukunftsreiche Zielvorstellungen, zwanglose Zukunftspläne zuversichtlich zurechtlegend, zahlreiche Zechbrüder zügig zusammenrufend, zog Zeno zielstrebig zum Zigeunerwirt zum zünftigen Zechgelage. Zeno zahlt!

Zuvorkommender Zigeunerwirt zauberte zu zündender Zigeunermusik zungenzergehende Zigeunergerichte.
Zufrieden zelebrierte Zeno zeitaufwändiges zweistündiges Zechgelage: zuerst Zwiebelsuppe zuzüglich Zwiebelkuchen, Zigeunerspieße, Zigeunerschnitzel, zarten Zander, Zucchinigemüse, Zuckermais. Zwischendurch zuträglichen Ziegenkäse! Zuletzt zierten zuckersüße Zitrusfrüchte Zenos Zinnteller.

Zigmal zwanglos zugelangt, zündete zusätzlich zinnoberroter Zypernwein Zenos Zügellosigkeit, zauberhafter Zigeunerin Zaida zwanghaft zuprostend. Zaida zwinkerte Zeno zulächelnd zu, Zeno zwinkerte zweideutig zurück. Zutrauliche Zaida zeigte zweifellos zahlungskräftigem Zecher zasterreiche Zukunftsvoraussagen. – Zutreffender Zufall!?

Zaidas zärtliche Zuneigung zwang Zeno zielsicher zuzupacken, zündelnder Zigeunerin zensierte Zugeständnisse zuzuflüstern, zumal Zenos Zauberflöte zielgerichtet Zaida zujubelte.
Ziemliche Zeitverschwendung! Zudringlichkeiten ziemlich zuwider, zeigte zufolge zugeknöpfte Zigeunerin zimperliche züch-

tige Zurückhaltung, – zwischenmenschliche Zugriffsverweigerung! Zeno zweimal zwecklos zurechtgewiesen, zog zornige Zaida zeitgerecht zwielichtige Zwangsmaßnahmen zurate.

Zügellosen Zechers zähflüssigem Zirbengeist zartbitteres Zyankali zufügend, zitierte Zaida Zeno zügig zum zeitlichen Zapfenstreich. Zeno zeigte zusehends zerebrale Zeitgefühlsstörungen, zitterte zugleich zähneklappernd. Zenos zerfallendem Zustand, zappelndem Zusammenbruch zynisch zusehend, zerbrach Zaida „zufällig" Zenos Zirbengeistglas.

Zockenden Zeitungsverkäufers zeitiges Zugrundegehen zermürbte Zenos Zechkumpane zutiefst. Zugegeben, Zenos zweistündige Zecherei zuvor zerstörte zweifellos zahllose Zellen!

Zarathustra zürnt zügellosen Zeitgenossen!

Außergewöhnliche Zusammenfassung

Am Abend
begeisterte begreiflicherweise
coolen Carlo
dieser delikate
einmalige exquisite
famose Festtagsschmaus.
Gierig großartig gegessen,
herzhaft hemmungslos
intensiv impulsiv
jugendliche Julia
keck küssend,
lockte leidenschaftliches Liebesabenteuer
mit makelloser Muse!
Nicht nachahmenswert!
Ojemine – offensichtlich
plagten plötzliche Probleme,
quälende
recht rätselhafte
sonderbare Schmerzen,
tabulos turtelnden
ungestümen Unglücksraben!
Verdächtige Vorkommnisse verursachten
wahrhaftig wirkungsvoll,
x-fach xundheitsschädigend,
Yogalehrers
zweifellos zufälligen zerstörerischen Zusammenbruch.

3.Teil

Werbung wirkt wunderbar!

Eine satirische Betrachtungsweise
„wirkungsvoller" Werbespots der heutigen Zeit.

Die Namen der Werbeprodukte wurden leicht verändert.

Aktiwohl aktiviert Abwehrkräfte!

Allmorgendlich abgeschlagen? Alltagsstress? Apathisch? Allezeit appetitlos? Angefressen? Aufgebläht? Abends außerstande auszugehen? Achtung! Alles außergewöhnliche akute Alarmsignale, aber Arzt aufsuchen – absolut abwendbar!

Äußerst aktivmachendes aufmunterndes Allheilmittel Aktiwohl augenblicklich ausprobieren! Aktiwohl aktiviert ausschließlich alle Abwehrkräfte, außerordentliche Aktivität auslösend!

Also, alle alten Arzneimittel ablegen, abschalten, ausspannen, allmorgendlich Aktiwohlfläschchen ansetzen, andächtig austrinken! Ausgezeichnetes Aprikosen-, Apfel-, Avocado-, als auch Acerolakirschenaroma! Ausgesprochen appetitanregend! Aber – alle Anfälligen aufgepasst! – auch äußerst allergieauslösend!
Aktiwohl aktiviert außerdem angeknackste Altersschwache! Alle alsbald auffallend ausdauernd agil!
Apropos: Äußerlich als Antifaltencreme ausgiebig aufgetragen, arbeitet Aktiwohl automatisch am attraktiven Aussehen alternder Artgenossen, alle Altersprozesse ausdrücklich abwehrend.
Allerspätestens am Abend ausgiebig abführend, aber ansonsten allumfassende angenehme Auswirkungen.

Alsdann – Aktiwohl alltäglich ausnahmslos ausschlürfen, augenblicklich allesamt allseits ausgewechselt.

Alles ausgeheilt? Ausreichend abgenommen? Abgemagert, ausgelitten? Atem ausgehaucht? Auweia! Ärgerlich!
Anscheinend abnormaler Ausnahmefall!

**Aktiwohl aktiviert außer Abwehrkräften
auch alles andere außerordentlich ausgiebig!**

Bipathon!
Besonders beliebt, bestens bewährt!

Bemitleidenswertes Befinden? Besorgt, betrübt, beunruhigt, bleich? Beträchtliche Beschwerden beim Bücken bzw. beim Bügeln? Beeinträchtigt beim Ballspiel, Bowling, Baden? Bleierne Beine, bewegungsunfähig, bettlägerig?

Beizeiten brandneue Bipathoncreme beim Bipa besorgen! Bar bezahlen! Bipathon beseitigt blitzschnell bedrohliche Beinprobleme, beruhigt beanspruchten Bewegungsapparat, besänftigt beschädigtes Bindegewebe!
Bipathon beinhaltet besonders bedeutende Bambus-, Bärlauch-, Baldrianextrakte, B-Vitamine! Bisweilen bitterer Beigeschmack, böse Begleiterscheinungen? Bitte Beipackzettel bedingungslos beachten! Bequeme Behandlungsmethode: Bedauerliche Beschwerden bevorzugterweise bei Bedarf besser bloß beschmieren! Bereit?

Bipathon! Bestens bewährt beispielsweise bei Bakterienbefall, bösen Brandblasen, brennender Blasenentzündung, bräunlich beschmutzten Babypopos, Bauchschmerzen, Bandwürmern, bei beträchtlichem Bauchumfang bzw. belästigenden Blähungen!
Baldigst Bipathon benützen! – Brav Bauch beschmieren! Bipathon bringt bestimmt behagliche Besserung! Begrüßenswert beruhigend!

Bisschen beschwipst? Benebelt? Benommen? Bluthochdruck? Bewusstseinsstörungen? Bipathon bewirkt baldige Beschwerdefreiheit bei beulenverformten Brummschädeln!

Bipathon! – Besonderer Balsam bei Bartwuchsproblemen! Beide Backen bedeckend beschmiert, beschleunigt Bipathon blitzschnell bisherigen beschränkten Bartwuchs.

Bipathon beweist: Bald bedeutender Backenbart! Bemerkenswert bestaunenswert!

Bipathon bringt beachtliche Bombenerfolge! Bestes Beispiel: Brustschmerzen. Bedenkenlos beide Brüste beherzt beschmieren! Bipathons bemerkenswerte Besonderheit: Bereits baldige beträchtliche Busenvergrößerung! Beneidenswert!

Blattläuse, Borkenkäfer? Blätter benötigen Bipathon! Behutsam betupft blühen Blumen bestens!

Bipathon beseitigt blitzartig Badewannenkratzer bzw. Beschädigungen betreffend Brillen, Bilderrahmen, Böden, Bücher, Bürosessel! Besonders beeindruckend!
Begreiflicherweise bestätigen begeisterte Bürger beglückt:

„Bravo, Bipathon! Bestens bewährt, besonders beliebt!"

Chef-Centmenüs – coole Cuisine!

Charakteristische Chef-Centmenüs: chemikalienfrei, calciumreich, cholesterinarm – clever!

Charmanten Chefkochs couragierte Creationen: Chicoree-Cremesuppe, chromgelber Curry-Chinesenreis, Chilisauce, Champignons, Cornedbeef, Cottagecheese, crosse Crackers, Cäsarschmarrn, cremiger Crêpegenuss – Cerealienplus!

Chef-Clown cremt, checkt, chiffriert, codiert, choreographiert computergesteuerte Centmenüs! Chefkochs Clou: Champagner-Chinin-Cocktail! Cooler Champion!
Caritas Chance: Centmenü-Coupons – circa 10 Cent!

Cellophanpapier? – Coloniakübel! Ciao!

Daxe! Der Duft, der Damen dopt!

Dickleibig? Dünn? Dumm? Disproportioniert? Diminutivkomplexe? Dilettantische Damenanmache? Dann – Daxe!
Dauernde Durchhänger, die deine darstellerischen Darbietungen durchkreuzen? Demnach diskriminiert? Drauf-dran durchzudrehen? Dann – Daxe!

Dein Drang, die Damenwelt dranzukriegen drangsaliert dich, doch du drückst dich davor? Deshalb dauernd durstig? Du dämlicher Drückeberger! Dadurch droht dir dauerndes düsteres damenloses Dasein! – Dramatisch! Darum dringend Daxe!

Daxe! – Deine Duftmarke! Daxe Deodorant, Duschgel, Duftwasser, Duftkissen! Die duftende Dunstwolke durchbricht deine Duschkabine! Diabolischer Duftzauber durchdringt demzufolge die diversen Damennasen, durchströmt desorientierte Dornröschen, dralle Dorfdirndln, dämliche Dienstmädchen, disziplinierte, desinteressierte, distanzierte Damen!
Dichtbehaart? – Dann Daxe Depilationscreme! Dermatologisch durchdachte duftende Dauerhaarentfernung!

Deshalb – Drückeberger, Dickschädel, Dummköpfe – definitiv Daxe! Durchatmen, duschen, duften, Damen durchnummerieren, dreist durcheinanderbringen, durchfeiern! Daxe! Davor, danach, dazwischen, – dauernd duften! Durch deinen delikaten Dauerduft dulden dich die Damen deutlich! Dank Daxe!

Durch die doppelte Dosis Daxe duften deine durchbluteten Drüsen derart, dass dahinwelkende Damen dahinschmelzen!
Die Damen drehen durch? Donnerwetter! Demzufolge Daxe doch diskret dosieren!

Daxe – der durchschlagende Duft, der Damen dauernd dopt!

EEE: Energie energisch einsparen!

Explodierende Energiekosten? Erhöhter Energieverbrauch? Erfolgreichste Energiefirma Europas – EEE – empfiehlt: Energie energisch einsparen! Energiegeladene Experten erstellen exzellente Energiekonzepte, erarbeiten Energiepläne, entwerfen Energiesparprogramme.

Erster entscheidender Energietipp: Erbarmungslos erforderliche Energiesparmaßnahmen ergreifen! Energiezufuhr erheblich einschränken! Energiefressende Elektrogeräte eliminieren:

- Eiskästen entsorgen! Eiswürfel, Essensvorräte einfach entbehren! Entschlossen emsig erneute Einkäufe tätigen!
- Elektroherde entfernen! Esslustige erfreut ein eiskaltes Essen ebenfalls.
- Elektroheizung eliminieren! Einmal eine Eiszeit erneut erleben!
- Ein entbehrlicher Elektrorasierer ermöglicht einen eleganten extravaganten Einjahresbart!
- Erstrebenswert: ein energieloses Einfamilienhaus!

Es entsteht eine enorme Energieersparnis! Experimentieren, erproben! Eifrige Energiesparer erhalten ein Extrazuckerl: einen energielosen Einkaufsgutschein! Energielosigkeit erzielt erstaunliche Effekte!

Erfinderische EEE-Experten empfehlen ebenfalls eine eigene Elektrodynamomaschine! Einmalig! Endlich eigenhändig energisch Energie erzeugen!

Erfahrungsgemäß ein etwas erschwerliches extremes Experiment? Entkräftet? Erschöpft? Energielose Ergebnisse? Eiseskälte? Erheblich erkältet? Einseitige Ernährung?

Entschlossen Erdgas einleiten! Es ersetzt effizient eventuelle eigene Energieversorgungsprobleme, erreicht explosionsartige Einsparungen!
Einschalten, eventuell Einfamilienhaus evakuieren – es erfolgt eine energiegeladene einzigartige Explosion! Ein echtes Erlebnis! Ehrlich!

EEE – eine ewige Energieersparnis! Echt erfreulich!

Fillagen füllt Falten!

Furchtbar frustriert? Faltiges fleckiges Face? Frische Farbe fehlt? Freudlos, fassungslos, fix-fertig? Freunde fliehen, Freier flüchten feige? – Fürchterliches Fiasko!!

Frustrierte Frauen – frohlocket! Fichys 25-jährige fortschrittliche Faltenforschung fabrizierte Fillagen-Faltencreme!

Fillagens flottes Facelifting funktioniert fraglos fantastisch! Feine flüssige Fruchtsäurekristalle füllen fatale Falten, fixieren ferner feminine ferkelrosa Frische!
50-jährige Frauen finden Fillagen fürwahr fabelhaft, 85-jährige flirten fortan frisch, fröhlich, faltenfrei!

Folglich frühmorgens Fillagen – Falten flugs fort! 5-fache Füllwirkung! Formvollendet faltenfrei fürs Friedhofsfinale! Faszinierend!

Fillagen! – Für fortwährende Faltenfreiheit!

Groß – größer – Grösser!

Gelegentlich grantig, gereizt, genervt? Gedächtnislücken? – Gleich gedankenlos großes Glas Grösser genießen! Geschmackvolles genial gelungenes Gemisch gewährleistet Gastronomen gut gehende Geschäfte. Güteklasse G! Generell gesagt grassiert Grösser gewaltig! Großen Gusto gekriegt? – Gut!! Gepflegtes Grösser gefällig? – Gern!! Genug gute Gründe Grössers gewinnbringendes großartiges Gerstensaftrezept geheimzuhalten.

Gewitzte Gastwirte gewähren gemütliche Gastlichkeit, Grösser Gastgartengenuss, Grösser Gassenverkauf, garantierte Grösser-Gaudi, grandiosen Grösser-Gaumenkitzel! Ganze Gemeinden genießen gemeinsam gemeingefährlich! Gleichermaßen genießen gesegnete Geistliche, Gott grüßend, großen geistigen Grössertrunk. Grandios!

Geisterfahrer genießen gerne geistesabwesend, Geheimagenten geheimnisvoll, Gemütskranke gemütlich, Geschäftsleute geschäftig geschäftstüchtig, Grenzgänger grenzenlos grenzüberschreitend. Gereizte Großeltern genießen Grösser-Gerstensaft großzügig, gefühlskalte Gatten gefühlvoll, gedankenverlorene Gelehrte geistesgegenwärtig.

Grillende Gesellschaften gestalten glänzende Grösserparties, geben gelungene Grösser-Geburtstagsfeste. Gäste, Gastarbeiter, gesprächig gewordene Ganoven, glücklich gealterte Greise glucksen glückselig: „Groß – größer – Grösser!"

Gestern genug Grösser getrunken? Gegenwärtig grimmende Gedärme, gleichzeitig geruchsintensive Gase? Gluck, gluck – geschwind getrost gefahrloses Gläschen Grösser genießen! Gleich ganz gesund!

Gelegentlich, ganztägig, ganzjährig, – Grösser!
Genauso geht's!

Harzkopf – hervorragender Haarpflege-Hit!

Haarprobleme, höllischer Haarausfall? Hartnäckiges Hinterkopfhautjucken? Haupthaar hinüber? Hoffnungslos haarlos?

Haarschnittlose Herren haben haushohen Hutbedarf. Hilflose Hausfrauen heulen hysterisch: „Hilfe!"
Hitze, Hetze, Heißluft hinterlassen hässliche, haltlose, herunterhängende Haare. Haarsträubender Horror! Hochgradiger Handlungsbedarf herrscht!

Herkömmliche Haarpflege hinfällig! 100%ige Haarhilfe heißt – Harzkopf! Hurtig Harzkopf-Haarshampoo, Haargel, Haarspray, Haartönung holen, hamstern, horten, handeln, hoffen!

Harzkopfs haarschonende Haarpflegeprodukte haben haarverstärkende Heilpflanzenextrakte, hochglänzende haltbare Haarpracht hervorrufend, herrliches himmlisches Haargefühl!
Harzkopf-Haarwuchsmittel hext hurtig Haare herbei! Heute 100 Haare? Hinterher – Hokuspokus – 100.000!
Hellköpfe, Hitzköpfe, Holzköpfe haben hervorragenden Haarwuchs! Herrlich! Hutlose Haarschnitte, hübsche Haarzöpfe, hypermoderne Hochsteckfrisuren haben heuer Hochsaison!

Halt! Hochaktueller Hinweis: Höherdosierte Handhabung hinterlässt höchstwahrscheinlich haarige Hände, Hälse, Hüften, Hinterteile! Hochempfindliche Herrschaften halten Haarwuchs-Höchstrekorde!
Harzkopf handelt höchst human, haarige Helden hilfsbereit honorierend: Harzkopfs höchster Haarwuchspreis heißt: Haarscharfer Haarepilierer! Hurra!

Harzkopf hilft haargenau, hundertprozentig, hitverdächtig!

Igello! Iss irgendwas Intelligentes!

Indisponiert, irritiert, infarktgefährdet, impotent, inkontinent, invalid? Ihr Immunsystem ist irgendwie inaktiv? In Ihrem Interesse – Igello! Igello informiert: Ideenreiche Igellokost inspiriert irgendwie immens!

Igellos Imbisse intensivieren Ihr Immunsystem irrsinig! Imposante Igelloknödel, inländisches Igellogemüse, Igello-Indianer, importierte italienische, indische, indonesische Igellospezialitäten! Irre! Ideal!

Igellos internationales Image ist immerfort imponierend, ist indirekt intensiv immunisierend! Irgendwelche Inhalationen, Injektionen, Infusionen, Impfungen, Infrarotkabinen intuitiv ignorieren, instinktiv in Igelloköstlichkeiten investieren, innehalten, Igellos innovative Inhalte inbrünstig integrieren!

Igello intensiviert insbesondere Ihre Intelligenz! Irgendwann, irgendwie, irgendwo! Immerhin! Interessiert?

Infolgedessen – Igello!
Iss immerfort irgendwas Intelligentes!

Ja! Jederzeit!

Jausenzeit! Jugendliche, Junggebliebene jedes Jahrgangs, jausnet „Ja!Jederzeit!" jederart: Ja!Jederzeit!-Joghurt, Ja!Jederzeit!-Jausenbrot, Ja!Jederzeit!-junges Junigemüse, Ja!Jederzeit!-jederlei Juliobst, Ja!Jederzeit!-Jungpflanzensalat, Ja!Jederzeit!-Junggetreide!

Jedermanns Jungbrunnen! Jauchenfrei, jodfrei, jungfräulich! Juwele jedes Jungbauern! Jungbäuerin jodelt, Jungschweinchen jauchzt, Jungvögel jubilieren. Jeder jubelt: „Juchhe! Ja! Jederzeit!" Jawohl! Jedermann jausnet jetzt „Ja!Jederzeit!"

Jahraus, jahrein – jederzeit! Ja!

Klug kaufen!

Köche, Köchinnen! Kauft kalkulierend klug, kauft kluge Köstlichkeiten! Kluge Köpfe kaufen klarerweise kunterbunte Klugprodukte!

Konstant kostengünstig, kunstvoll künstlich, kurzlebig, kraftspendend, köstlich! Klasse! Kleine Kostprobe?

Kluge Kiwis, Kirschen, Karotten, Kürbisse, Kartoffeln, Kräuter, kluge Konfitüre, Kekse, Kaffee, Kakao, Kognak!

Kontinuierlich kontrolliert können kluger Knoblauch, kluger Kohl, kluger Karfiol, kluges Kraut Krankheiten kurieren!

Klosterküchen kochen konsequent klug. Kapläne, Kapuzinermönche, Kardinäle – keine Kostverächter – konsumieren klugerweise kluge Kost. Kurzum – klerikale Klugheit kulminiert!

Koliken, Krämpfe? Kurzerhand kluge Kompotte kosten!

Kuriose Klositzung? – Klugscheißer!

Lorol liefert Lebensfreude!

Lebensmüde? Lustlos? Launisch? Leichenblasse Lippen? Lädierte Lider? Lohnenswerte Lösung lautet – Lorol!

Lorol Lippenstift lässt Lippen leuchten! – Leckerer Limonengeschmack! Lorol Lidschatten liefert lobenswerte Lichtblicke!

Lorols Leuchtprodukte lindern Liebeskummer, lösen Liebesprobleme! Lorol lockt lüsterne Lebemänner, leidenschaftliche Liebhaber, lebenslustige Lesben!

Lila, leuchtendrot, lindgrün, lachsfarben! – Lauter lustig lackierte Leuchtkäferchen lächeln, lachen, locken, lieben!

Lorol liefert langanhaltende Leuchteffekte! Letztendlich leuchten lackierte Leichenlippen langjährig!

Leute, legt los! Lobpreiset Lorol!
Lorol liefert leuchtkräftige Lebensfreude!

McMonald's macht's möglich!

McMonald's musterhafte Marktrestaurants magnetisieren mordshungrige Mitmenschen! Meisterköche machen mühelos minutenschnell mit modernen Mikrowellenmaschinen mannigfaltige Mahlzeiten! – Monumentale McMenüs mit märchenhaften Minimalkosten mobilisieren Manneskräfte, motivieren Millionen Menschen!

Morgens McMaster Meistermüslis mit magischen Mixgetränken machen müde Morgenmuffel munter!! Mmmh!
Mittags Maxi Macs, Mini Macs – mit Meerrettich, Minze, Mayonnaise, Mozarella! Mexikanische Macs – mehrheitlich mit mordsscharfer Mais-Maggiwürze motivieren Missgelaunte! Mehr, mehr!!
Mitternächtliche McMonald's Mehlspeisen mit Mohn munden merklich!
Minderjährige Menschenkinder mit Mitessern mampfen monatelang McMenüs! Macht Mordsspaß! Megacool!

Mütter, Moment mal! Mutig McMaxiking mitnehmen – minimiert mühevolle mehrstündige Mittagessenzubereitung!

Mitbürger macht mit! McMonald's McMenüs machen magere Mädchen mollig, mickrige Männer muskulös!

McMenüs – manchmal mit Mini-Mäuschen mittendrin – machen mobil! Man muss McMonald's mögen! McMonald's Motto: Man mag mich!

McMonald's macht's möglich! Mahlzeit!

Nimm 9! – Nahrhaftes Naschen!

Nervös? Niedergeschlagen? Nervenzusammenbruch naht, nachdem närrische neunmalkluge Neunjährige nachdrücklich nerven: „Nougatschokolade naschen!"

Nein, nicht! Nimm nagelneue Naschbonbons namens „Nimm 9"! Nachhaltiges Naschen nebst neun natürlichen Nährstoffen! Nur nahrhafte Naturzusätze! Netter Nektarinengeschmack!

Neugierige Naschkatzen naschen nur noch „Nimm 9", – nachmittags, nachts, nonstop!
Nährwert nachweislich 90%! Normale Nahrungsaufnahme nahezu nicht notwendig! Nur noch „Nimm 9" naschen!

Nanu? Null Nervenbelastung? Nervtötende Nesthäkchen, niedliche Naseweise, naschsüchtige Neunjährige nerven neuerdings nimmermehr, naschen nüchtern „Nimm 9"?
Narkotisierende Nachwirkung – noch nutzbringender Nebeneffekt! Neuer Nachschub nachdrücklich notwendig!

„Nimm 9"! – Natürlich nur nüchtern naschen!

Ohrroth! Optimal offene Ohren!

Ohrenkrank? Obskure Ohrenschmerzen? Ominöse Ohrgeräusche? Ockerbraunes Ohrenschmalz, oftmaliges Ohrensausen? Orangerote Ohrmuscheln, ohrenbetäubende Ohrwürmer? Oje!

Oberschlaue Ohrenärzte orten offenkundige Ohrprobleme objektiv orakelnd: „Offensiv operieren!"
Österreichs omnipräsente Ohrproduktefirma Ohrroth opponiert optimistisch: „Offene Ohren – ohne Operation!"

Ohrroths Original-Ohrprodukte öffnen Omas oder Opas Ohren, Onkels Ohren, Oberlehrers oder Oberschülers Ohren, Oberhäupterohren, Obdachlosenohren, Ochsenohren! Optimal!

Ohrroth offeriert originelle Ohrentests, ohrenfreundliche Ohrgeräte, ölige Ohrentropfen, Oliven-Ohrenspray, Ohrenkerzen, Ohrenreiniger, obligatorische Ohropax-Ohrstöpsel ohnedies! Ordentlich offene Ohrgänge ohnegleichen – ohne ohrenärztliche Ohrenspülung, ohne operative Organverpflanzung, ohne ordnungswidrige Ohrfeige!
Ohrroth offenbart Ohrverstopften obendrein öffentliche Ohrenschmausaktivitäten ohne Ohrprobleme: Orchesterklänge, Opernarien, Openairfeste, Openenddiskussionen!

Oha! Offensichtlich offiziell ohrlos? Ohrrein, ohrraus? Ohne Ohren? Oft off? Öfter on!

ooo.ohrroth.ot. – Oftmals online! Originell, oder?

Pfenny, Pfenny! Perfekte Preisbekämpfung!

Periodische Panikattacken plagen preisbewusste Personen pausenlos: planlose Perspektiven, pessimistische Prognosen, progressive Preise prädominieren! Praktisch permanent pleite! Pralle Portemonnaies plötzlich passé!

Punkt! Pause! – Pfenny! Probiert Pfenny-Preisniedrigmärkte! Pfennys preisfressende Preiskampftruppe plant präzise, prüft punktgenau! Piff, paff, puff – plumps! Preise purzeln pfeilgeschwind! Pfenny – problemlose professionelle Preisbekämpfung!

Pfenny präsentiert paradiesische Preisreduktionen, pfundige Power-Produkte, positive Perspektiven! Pfennys Preisleistungsverhältnis passt perfekt! Pfennymärkte punkten prima, prosperieren prachtvoll! Prüfbare Preisvergleiche prophezeien Plusprämien pro Pfenny! Pfenniglose Portemonnaies plötzlich prall! Prompt plündern pfiffige Pensionisten Pfennys preiswerte Produkte-Palette: Papis Pudding, Paulchens Pampers, Püppchens Parfum, Prothesenträgers pflaumenweiche Paradeiser. Pfennigsparende patriotische Pensionisteneinkäufe!

Professionelle Powerfrauen preisen plötzlich Pfennys populäre Putzmittel, pausbäckige Pfarrer probieren Pfennys preisgünstige Pralinen, passionierte Penner propagieren Pfennys perlenden Piccolo plus prickelnden Pfirsichspritzer. Prösterchen!

Paarweise, packerlweise, pfundweise packendes Preissturzprogramm! Produktemaximum – Preisminimum!

Prominente Persönlichkeiten, Pädagogen, Politiker, Psychiater, potente Playboys präferieren Pfennys preisgesenkte prächtige polnische Pfifferlinge! Prima Pech!

Posthum posaunt Pfennys produktefressendes Publikum pflichtbewusst: **„Pfenny, Pfenny!**
Perfekte Preisbekämpfung – prachtvolles Preisparadies!"

Quellromania – quellfrisch quirlig!

Quergekommene Querelen quälen? Quabbeliger qualmender Querulant? Quartierloser Quartalsäufer? – Quatsch! Quick! – Quellromania!

Quellenreich quillt Quellromania querfeldein – quarzkristall-haltig, qualitätsbewusste Quantität!
Quartalsweise Quellgebiet-Qualitätskontrollen qualifizieren Quellromania: quellfrischestes Qualitätsmineralwasser!

Quereinsteiger, Querdenker, Quadratschädel, Quacksalber quittieren quirlig quadrophon: Quellromania! – Quellwasser-queen! Quicklebendig, quietschfidel, quietschvergnügt, quick-steppend!
Quellfrische Quälgeister quäken, quengeln, quasseln, quatschen, quietschen – quasi qualvoll quirlig!

Quintessenz: Quellromanias Qualitätsservice quittiert: Quänt-chen Quietivum quicknotwendig!

Quellromania – quantitative Qualität!

Rumu resorbieren – rasch reagieren!

Reporters Recherchen registrieren rücksichtslos: Radikale Risikonährstoffe ruinieren regelrecht richtige Reaktionsweisen, rauben Regenerierungskräfte rasch!
Redliche Routinemütter rasten ruhebedürftig, reizlose Roboterhausfrauen resignieren, rachitische Rotzbengel reagieren regungslos. Rundum realitätsfremde, reaktionslose Ratsuchende!

Rechtzeitig Rumu resorbieren! Raschestens!! Reformierte reine Radikalfettsäuren – Rapsöl, Rosmarinöl, Rizinusöl – regulieren ruinierte Reize rapide. Rumus Rumgeschmack reaktiviert, revitalisiert, regeneriert rigoros!
Regelmäßig Rumus Ritualfrühstück reinfuttern reanimiert: Ranziges Roggenbrot, reichlich Rumumargarine raufgeschmiert! Riesengroße Realschüler rechnen rekordverdächtig richtig! – Resultat reihenweise reingezogener Rumuriegel!

Redegewandte Rumuexperten rücken reizvolle Rumu-Rezeptideen raus: Rahmersatz Rumufein rein – Rinderfett raus!
Runtergekommene Restaurants reagieren rasch: Romantische Rumugerichte realisieren Restaurants Reichtum!
Respekt! Regelmäßig Rumu! Rumu rettet Rheumakranke, repariert ramponierte Rücken, reinigt röchelnde Raucherlungen, renoviert rundum runzlige Rentner.
Reaktionsschnelle Robotermütter rennen rauf, raus, rein, runter, rüber – richtig redefreudig, ruhelos, reizend, resolut, robust! Rotwangige Rotzbengel raufen rege rebellierend.

Rumus Restrisiko: Rätselhafte, riskante, rasante Rekorde! Rumu-Repräsentanten raten: Regelmäßige Rumuzufuhr reduzieren! Relaxen, rasten, ruhen!

Rasch reagieren – Rumu reduzieren!

Schwuppi-Staubmagnet: Staub salü!

Schrecklicher Stress? Sie sind strapaziert, schlichtweg schweißgebadet, schlapp? Starke Staubwolken stören Sie? Sie sehen schneeweißen sowie schwarzen Staub, Sie schlucken Staub? (Schmeckt seltsam, stimmt's?) Sonderbare saublöde Staubkugeln sagen ständig: „Servus"!?
Sie saugen, Sie schrubben, Sie scheuern – schonungslos samstags, sonntags, stündlich! Sie schlafwandeln sogar staubwischend? Sie schreien, schimpfen, seufzen, schnaufen? Stundenlange stupide Schufterei! Scheußliche Schikane!

Stopp! Sie sind selber schuld! Seien Sie schlau! Stürmen Sie schnurstracks Star-Supermärkte, schnappen sie sich schleunigst Schwuppi-Staubmagnet: Sensationelles statisches Schwuppi-Staubentfernersystem, sogar stangenbefestigt!
Spezielle Schwuppi-Staubwedel sind sofort staubanziehend sowie staubfesthaltend! Spektakuläre stressfreie Staubbekämpfung! Spitze! – Sie sind schlagartig staubfrei! Selektieren Sie steinzeitliche Staubtücher, schwingen Sie stattdessen Schwuppi!

Südländisch scharfer Salmiakduft stimuliert spontan Sauberfraus Sinne. Sie springt, sie singt staubwischend, sie strahlt schier selber! Spiegel strahlen sichtbar schön, Schränke sind schnell steril, sogar stinkende Schuhkästchen sind stubenreine Schmuckkästchen! So superschnell staubgewischt, so spielerisch staubentfernt! Sehen Sie, staunen Sie! Schenken Sie Schmutzfinken Schwuppi-Staubmagnet!
Setzen Sie sich, schonen Sie sich, stärken Sie sich, schließlich sagen Sie spaßeshalber: „Simsalabim! Staub – Schwuppdiwupp!" Schon schwinden schlussendlich störender Staub sowie stinkfaule, sofahockende, schon sehr staubbedeckte Subjekte!

Superspezialerfindung! Sagen Sie Staub salü!

True Tornado!
Traumhafte Toilettenreinigung!

Trister Toilettenputz tyrannisiert, terrorisiert, traumatisiert täglich? Tausende trainieren tüchtig, tätigen tränenreich törichte Turnübungen, transpirieren, toben! Trostlose Toilettenreinigung – trottelhafte Tortur!
Tempo! Tempo! Tequila, Tokaier, Tomatensaft treiben tonangebend! Turbulenter Tatort Toilette!

Top Tipp: True Tornado! Tauscht tunlichst traditionelle Toilettenreiniger! Testet True Tornado! Trefflich teuer, trotzdem tausendmal tatkräftig! Typischer Toilettenschmutz – Tschüs!!
Traut trioaktiver Tatwaffe True Tornado: Tornadotabs, Tornadowürfel, Tornadopulver!
Toilettendeckel, Toilettenbrille, Toilettenabfluss, Toilettenspülkasten, Toilettenbürste – totale Toilette tadellos tiefengereinigt!

Tiefblaue Tornadokraft torpediert tragische Toilettenverschmutzung, Traubensäure tötet Toilettenbakterien, tagelanger tropischer Traumduft tilgt teuflischen Toilettengestank!

Tägliche Toilettenreinigung taugt traumwandelnden Toilettenputzern! Toiletten tatsächlich tiefenhygienisch tipptopp! Tagaus, tagein, tagtäglich!

True Tornado – tiefenwirksame Tornadokraft, tranceversetzender Tornadoduft! Tornadosüchtige triumphieren tatenlos tagträumend, tiefenpsychologisch therapiert!

True Tornado – tolle Toilettenträume!

Urmix – unübertroffen uurgut!

Unterschiedlichste Unannehmlichkeiten überfordern uns unentwegt, überhandnehmende Unlustgefühle überfallen uns ununterbrochen! Ungesunde und unverträgliche Überernährung überwiegt!

Unter üblen Umständen übergewichtig, unbeweglich, überdies unbekleidet unästhetisch? Überarbeitet, unkonzentriert, überreizt und unbefriedigt? Unzufrieden, unglücklich, urlaubsreif?

Überlastete Unglücksraben! Unbemerkt umhören, umdenken, umschauen, Uhren umstellen und – unbedingt unentbehrlich – Unmengen Urmixeinkäufe unternehmen!!

Unser Urteil: unübertroffen unbeschreiblich uurguut! Uhrzeitunabhängig, ungezuckert, umwerfend urcool! Unzählige ungekochte untergemixte Urprodukte unterstützen unsere Urkräfte unglaublich!

Urmix überzeugte unsere unvergesslichen überschlauen Urgroßeltern und überdauerte urdenkliche Urzeiten! Urzeitliche Urqualität! Unvergänglich und unbesiegbar! Unbedenklicher Urgeschmack, ursprünglicher Urzustand – urinstinktiv Urmix!

Überdies überwindet Urmix unsere Urängste! Überraschenderweise übersteht unsereiner urplötzlich Unangenehmes, überschaut Unüberschaubares, überwältigt Unbewältigendes und übergeht Unumgängliches – unermüdlich, unaufhörlich unternehmungslustig, unbesorgt, übereifrig, unerschrocken, unverdrossen, unendlich überglücklich und überdies unerklärlicherweise ungewöhnlich urschlank! Ungeheuerlich!

Übrigens: Umfragen und Untersuchungen überzeugen ungemein: Unaufhörliche Urmixgenießer überleben überall unübersehbar, unheimlich uralt und überdies unsterblich!

Unser Urmix – unvergänglich uurguut!

Vertrau Vinish, vergiss Verschmutzungen!

Verärgert? Verrückte Verwandtschaft verschüttete vorgestern viel Vollmilch? Vergnügte Vierbeiner verschmutzten vorhin vanillefarbene Vorzimmerteppiche? Vorderteil vom Volleyballshirt vollständig verdreckt? Vergilbte Vorhänge?
Verteufelte Vorstellung von verhasster Vollbeschäftigung verschafft Verdruss? Von verschiedenen Vielreinigern vollends verunsichert, völlig verwirrt?

Verzeihung, verehrte Verwalterin von verschmutzten Verbrauchsgegenständen! Verwende Vinish! Violettfarbene Verpackung, verführender Veilchenduft, vernünftiger Verkaufspreis! Vorsorglich Vorratskammer vollfüllen!
Vertrau Vinish! – Vergiss Verschmutzungen! Vinish violette Vulkanpower verbannt Verunreinigungen vollends! Versuchs! Vorwärts! Viel Vergnügen!
Verständliche Vorgehensweise: Voller Vitalität Vinish volldeckend versprühen, vorsichtig verreiben! Viertelstündliche Verweildauer vonnöten! Verdienterweise verschnaufen, Veilchenduft verspüren! – Verflixt! Versehentlich verschlafen?
40 Verdunstungsminuten vorschnell verstrichen?

Vernichtender Vinish-Vulkanpower-Vorgang vollendet!
Verschmutzungen vollkommen verschwunden! Veloursteppiche völlig verformt, Vorhänge violett verfärbt, Viskoseshirt verschrumpelt! Verblüfft? Vielleicht vorher Verträglichkeitsprüfung vergessen? Vermutlich vorausschauend versichert? – Vortrefflich!
Vinish verspricht verlässlich vollkommene Verabschiedung von verunreinigten Verbrauchsgegenständen!

Vertrau Verstand! – Vergiss Vinish!

Womo wäscht wunderbar weiß!

Wir waschen wöchentlich wie wahnsinnig widerliche Wäsche? Wir werden wütend, weil wohlbekannte Werbespots wahrheitswidrig „wirkungsvolle" Waschmittel weiterempfehlen? Welches Waschmittel wäscht wohl weißer? Wariel, Wersil, Wizir, Weiße Wiese? – Wichtigtuerisches wirres Waschweibergeschwätz!

Womo! Wäscht Womo wirklich wunderbar weiß? Was wollen wir wetten? Wagen wir's? Wohlan, waschen wir!
Wahrhaftig! Welch wirkungsvolles Wunderwaschmittel! Waldbeerenflecke, Weinspritzer – weg! Weichselkompott, Wassermelonensaft, Wacholderschnaps, Weizenbier, Wimperntusche – wie weggezaubert! Welch wünschenswerte Wirkung! Womo wäscht wahrlich wunderbar weiß!

Warme wiesengrüne Wäschegarnituren werden weiß, wattierte Windjacken werden weiß wie Watte, waschbare Wachstücher werden weiß wie Wachs, wasserscheue Waschlappen werden wieder weiß! Windeln werden wieder weiß, weiters wohltuend weich! Welch Wohlgefühl, welch Wohlgeruch! Weinrote Wollsocken werden weiß, wenngleich winzig! Wurscht!
Waschmaschinen werden weiß, Wandfliesen werden weiß, Wohnräume werden weiß, wenn weißschäumendes Waschwasser weggespült wird! Weiß wird's! Weitaus weißer wie wir's wünschen! Wir werden wahrhaftig weiß!

Weißgekleidet, weiters weißhaarig werden wir wie winterfrische Weihnachtsengel wirken! Wenigstens was!
Wir wissen, was wir wollen! Wohlgemerkt! Wochentags, wöchentlich, wochenlang, weiterhin – Womo! Welch Wunder! Wundervolle Waschtage wünschen wir!

Womo! Weil Werbewunder wirklich wahr werden!

Xornbach! Yippie yaya yippie yippie yeah!

You're young, youthful? Xellig, xetzt, xund? Yippie!
X-beliebige Xellschaftsschichten – Xornbach x-fach xinnt! Yes!

X-mal x-large Xornbachmärkte – xelliges Xornbachheim-
werken! Xonderte Xornbachprodukte – xucht, xehn, xichtet,
xammelt!

Xylofon, Xerokopiergeräte, Xenonlampen, Xyladecor, Xylol!
Xundheitshalber Xornbachs Xichtsmasken!
Yuccapalmen, Ysoppflanzen, Ytongziegel, Yachtzubehör!

Xamtes Xornbachwerkzeug x-fach xetzlich xichert!! X-maliges
Xäge – Youngsters you'll yell!
Xalzene Xornbachpreise – xegnetes Xamtergebnis – xegnete
Xamtkunstwerke!

Xornbachs Xichtspunkt x-mal xagt, x-mal xendet, x-mal
xungen:
Yippie yaya yippie yippie yeah!

Zoral Z! – Zahnarztsaubere Zähne!

Zahnprobleme? Zimtbraune, zerbröckelnde Zähne? Zusätzlich zentimeterdicker Zahnbelag, Zahnschmerzen, Zahnfleischblutungen? Zwecklos, Zähne zwanghaft zusammenzubeißen!

Zeitgerecht Zoral Z-Zahnpasta zurate ziehen! Zahnärztlich zertifiziert! 22-stündiger Zahnkariesschutz! Zoral Z zerstört Zahnstein, zieht Zahnhälse zusammen!

Zusätzliche Zoral Z-Zahnprodukte zaubern zusehends zinkweiße Zähne, zahnarztsaubere Zahngefühle zurück: Zoral Z-20cm Zahnbürsten, Zoral Z-Zahnseide, Zahnstocher, Zahnspangen, Zoral Z-Zahndusche! Zoral Z-Zahnfüllungen zementieren zügig zerlöcherte Zähne!
Zwanglos zuhause zirka zweistündige Zahnpflege zelebrieren!

Zuletzt zum Zubettgehen Zoral Z-zuckerfreie Zitronenzuckerl zerkauen! Zahnarztsauberen Zähnen zuliebe! Zufolge – zuversichtlich zubeißen, zerbeißen, zulächeln! Zufrieden 32 Zähne zeigen!

Zurzeit zuwenig Zeit zum Zähneputzen? Zugegeben, Zoral Z-Zahnpflege – ziemlich zeitraubende Zeremonie, zermürbende Zeitverschwendung! Zielstrebig zum Zahnarzt – Zähne ziehen! Zahnlosigkeit – zweckdienlicher, zuträglicher, zuverlässiger! Zoral Z-zinkweiße Zahnprothesen zählen zweifellos zu zeitsparenden Zukunftsaussichten!

Zahnmedizins Zauberwort: Zoral Z!
Zweifelsohne zukünftig zeitlebens zahnarztfrei!

4. Teil

Lauter liebe Leute!

Ungewöhnliche ABC-Dialoge
zwischen lieben Mitgliedern
unserer Gesellschaft.

Ärzte auf dem Krankenhausflur

Arzt 1: Alle Achtung, außergewöhnliche Armamputation!

Arzt 2: Bein! Beide Beine! Bin bereits bestens bekannt!

Arzt 1: Computergesteuert?

Arzt 2: Dufte! Dieses Ding denkt, Doktor dirigiert! Dämliches Ding defekt, Doktor denkt. Dramatisch!

Arzt 1: Echt? Einmal einen Ernstfall erlebt?

Arzt 2: Fünfter Fall! Fast fatal fehlgeschlagen!

Arzt 1: Glück gehabt? Gesund geworden?

Arzt 2: Hatte heikle Herzprobleme. Habe halt herumgedoktert. Heute hat Herr H. hochgradige Halluzinationen.

Arzt 1: Interessant! Ich injiziere immer Idiotin intravenös.

Arzt 2: Ja, jedenfalls jammerschade.

Arzt 1: Konnte kürzlich Krankenschwester Karoline küssen!

Arzt 2: Lüstling! Lass launenhafte Lintschi lieber links liegen, liebt leider Luxus.

Arzt 1: Mordshunger! Momentan Mittagspause?

Arzt 2: Nein, nur Notdurft! Noch neuer Notfall!

Arzt 1: Operation oder Obduktion?

Arzt 2: Problematische Prostata! Patient passé – Pathologie präsent. Patient potent – Pathologie passé!

Arzt 1: Qualifizierter Quacksalber! *(Man hört das Geräusch eines Hubschraubers.)*

Arzt 2: Ruhig! Rettungshubschrauber rattert! *(Ein Lebloser wird auf einer Trage hereingerollt.)*

Arzt 1: Schnell! Symptomstatus! Ständige Schmerzen? Stuhlverstopfung?

Arzt 2: Totenblass! Thrombose? Tragisch! Tempo!

Arzt 1: Umgehend Unterleib und Urin untersuchen!

Arzt 2: Vermutlich viel Viagra verschluckt!

Arzt 1: Wie wollen wir weitermachen?

Arzt 2: X-fach x-bestrahlen!

Arzt 1: Ysoppflanzenextrakt?

Arzt 2: Zweifellos ziemliche Zustandsverschlechterung! *(Sie wenden sich von der Trage ab, rufen:)* Zack, zack! Zurück zur Zahnarztpraxis! *(...und laufen davon.)*

Im Café
(Frauenthema „Männer")

Julia: Ach, angeschlagen? Abermals allein?

Ottilie: Bisherige Beziehung beendet! Bye-bye, Benjamin!

Julia: Chancenlos?

Ottilie: Der dämliche Depp! Dauerstress! Dumm, diktatorisch, dienstunfähig, dick, Doppelkinn, dauernd Durst!

Julia: Echt? Eigentlich eh egal. Erfahrungsgemäß ein ewiger Esel. Einen Espresso?

Ottilie: Fein! Flirte fortan fleißig, frisch, fröhlich, frei!

Julia: Gleich günstige Gelegenheit! Guck! *(Deutet auf einen älteren Mann.)*

Ottilie: Herrje! Hat Hexenschuss, hinkt! Hustet! Horch!

Julia: Immerhin, ist irgendwie interessant!

Ottilie: Jage jetzt jüngere Junggesellen, Julia!

Julia: Kenne kurzerhand keinen keuschen Kerl. Kompliziert! *(Winkt dem Kellner.)* Kellner, Kuchen!

Ottilie: Lauter listige Lebemänner, lasterhafte Lumpen, lallende Lustmolche – langweilig, leidenschaftslos! Langfristige Liebe? *(Winkt verächtlich ab.)* – Lächerlich!

Julia: Mädchen, mich magnetisieren makellose mutige Männer. Muskelprotze! Mein Motto: Mach's mit mehreren!

Ottilie: Nein, niemals, neugierige Närrin! *(Zum herbeieilenden Kellner:)* Nehme noch 'nen Negerkuss!

Julia (zum Kellner, der ihr den bestellten Kuchen bringt): Ober, ohne Obers! *(Zu Ottilie:)* Oh, Ottilie, öfters oben ohne, offenherziger, offensiver, oftmals ordentliche Orgien…

Ottilie: Pfui, pervers! Peinlich! Pausenlos Playboys probieren provoziert private psychische Probleme!

Julia: Quatsch! Quietschvergnügte Quickies!

Ottilie: Reihenweise rastlose Rüden! Riskant! Realistische Resultate?

Julia: Sicherlich! Schwarze stehen stramm, Sizilianer sind sexy, Spanier schmusen sagenhaft, Salzburger sind sehr sinnlich, Schweizer schonen sich selbstverständlich, Schotten sind sparsamerweise sterilisiert.

Ottilie (ironisch): Tatsächlich? Tolle Talente! Träume trotzdem täglich: Treuen Traummann treffen, turteln, tanzen, trauen, Töchter taufen!

Julia: Unter uns und überhaupt – überreizt, übel, unpässlich? Unter Umständen – unverhoffte Überraschung unterwegs?

Ottilie: Verflixtes Verhütungsmittel völlig vergessen!

Julia: Wirklich? Wer, wann, wo, wie, wieso???

Ottilie: Xaver! X-fach, x-mal!

Julia: Yogalehrer?

Ottilie: Zahnarzt! Zweimal zusammen, zeugte ziemlich zweideutigen Zuwachs – zweieiige Zwillinge!!! *(Zum Kellner:)* Zahlen!

An der Bartheke
(Männerthema „Frauen")

Bert: Axel! Auch angenehmen Arbeitstag absolviert? Ausgezeichnet abendgegessen?

Axel: Bestens, Bert! Bin beruhigt bzw. befreit! Beziehungsstress beendet, blonde Beate beim beleibten Bullen Benno! *(Zum Barkeeper:)* Bier, bitte!

Bert (zum Barkeeper): Citrus-Cocktail!

Axel: Du, drück die Daumen, dass die dortbleibt!

Bert: Erobere einmal eine engelhafte Elfe! Es existieren entzückende Erscheinungen!

Axel: Fantasievoller Filou! Fabelhafte freundliche Fee finden – fast futuristisch! Fiktiv! Frustrierend!

Bert: Geh, geh! Gibt genug göttliche Geschöpfe! Guck! Großer Gott! *(Er deutet auf eine beleibte Dame.)*

Axel: Haha! Hast himmlische Halluzinationen? Herrgott, hilf!

Bert (zum Barkeeper, auf Axel deutend):
Ihn interessieren irgendwelche illusorischen Idole!

Axel: Ja, Jungfrauen!

Bert (grinst): Kennst komischerweise keine katholischen!

Axel: Letztens lockte liebenswerte lustige Lilly, leider lesbisch!

Bert: Mensch, mich mochte mal Maria, mit merkwürdig maskulinen Muskeln! Missglückter modifizierter Mann!

114

Axel: Nicht normale Nächstenliebe! Nehme notgedrungen 'ne niedliche Nonne! – Nein, nein, nasche nachts nur noch Nougatschokolade!

Bert: Oh, obwohl Organistin Olga ordentlich opulente Oberweite offeriert?

Axel: Perfekte pralle Proportionen? Pfeffriger Popo? Prima Puppen? Pah! Präferiere paradiesische Partnerinnen! – Prost!

Bert: Qualitätsbewusster Querkopf!

Axel: Richtig! Riskiere rein romantisches Rendezvous! Reizende religiöse Regina reagierte rekordverdächtig rasch!

Bert: Sakra! Scharfes schnuckeliges Studienobjekt? Scheinheiliger Spaßverderber! Schlauer Streber! Schönes Studium!

Axel: Tatsächlich! – Theologie!

Bert: Übereifriger unbefriedigter Unistudent! Unterrichtsfach „Unschuld" überwiegt unübersehbar!

Axel (winkt ab): Vorzeitig verloren! Versehentlich Vater von 4-jährigen Vierlingen!

Bert: Wirklich wahr? Welch weltliches Wunder! *(Zum Barkeeper:)* Wir wollen Whisky! *(Zu Axel:)* Welches weibliche Wesen war wohl willensschwach? Wer war's?

Axel: Xittete Xangslehrerin! Xehn, xungen, x-mal xündigt!

Bert (grinsend): Yogaübungen?

Axel (nickt): Zuallererst, zuallerletzt zerstritten. *(Schaut auf die Uhr, ruft aus:)* 20.12! Zurück zum zahlreichen zappelnden Zuwachs zuhause! Zeit zum Zubettgehen! *(Eilt davon.)*

Köche

(Zwei „Gourmetköche" kochen.)

Hugo: Also, am Anfang als Aperitif auserlesenen Amaretto!

Niki: Bereite besonders beliebte bodenständige Bohnensuppe. Bitte berücksichtigen – bald bedrohliche Blähungen!

Hugo: Charakteristisch! Contra cooler Cocktail: Cola, Champagner, Curry! *(Mischt die Zutaten.)*

Niki: *(Trinkt vom Cocktail.)* Diabolischer Drink! – Dekoriere derweil das delikate Dessert.

Hugo: Entschuldigung, erschaffe erst ein exquisites Essen – eine exotische Ente!

Niki: Freilich! Fahre folgendermaßen fort: Fabriziere frische fantastische Fruchtfülle fürs Fleisch! *(Rührt in einer Schüssel.)*

Hugo: Gut! Genug Grünzeug gegeben, gründlich gewürzt? Großartig! Gleich geschwind gleichmäßig grillen!

Niki: Hokuspokus! Herrschaften haben hoffentlich Hunger? *(Schnuppert.)* Hmm, hervorragend, Hugo!

Hugo: Ich improvisiere inzwischen irgendeinen Imbiss!

Niki: Jause, jetzt?

Hugo: Klar! Kreiere kurzerhand köstliche Käse-Kräuter-Knoblauch-Kugeln, knusprig karamellisiert. Kannst kosten!

Niki (kostet): Lecker, leider lauwarm!

Hugo: Mische mittlerweile Mehl, Milch, Mandeln, Mohn, Marzipan. Mein Mürbteig macht müde Mitgeschöpfe merklich munter!

Niki: Nein, nicht! Nimm nur Nüsse, Nougat, Nelken! Nenne neuen Nachtisch natürlich Nikis „Nussnockerl"!

Hugo: Okay! Obendrauf ordentlich österreichischen Obstler!

Niki: Prima, perfektes Promidinner plus prickelnden Piccolo!

Hugo: Quirle Quark, quetsche Quitten – quasi Quittenmus!

Niki: Rühre reichlich Rotwein rein!

Hugo (zum Publikum): Simsalabim! Sehen Sie, sensible Schleckermäuler! Spezielle süß-saure Schmankerl sind sofort schlemmerbereit! Sollten Sie später schlecht schlafen, saufen Sie starken Schnaps!

Niki: Teuflischen Tequila! Träumst tierisch toll!

Hugo: Übrigens, unübertroffen unvergleichlich, unbestritten ungewöhnlich – unsere ultimative Überraschungsspeise!

Niki: Vollauf vegetarisch! Vielerlei verschiedene Vollkornprodukte, Vanille, verwelkte Veilchenblätter vollständig vermischen – vermutlich vortreffliches Vogelfutter!?

Hugo: Weiters werden wir Waldbeeren, Walnüsse, Weintrauben würfeln. Welche Würze wollen wir wählen?

Niki: X-beliebig!

Hugo: Ysopgewürz, Yamswurzel?

Niki: Zusätzlich zerkleinertes Zinnkraut, Zucchini, zehn Zwetschken, zwei Zitrusfrüchte zugeben! Zweifelsohne ziemlich zuträgliche Zusammensetzung – zu Zirkusdirektors Zufriedenheit zubereitet! Zauberhafte Zuseher, Zeit zum Zebrafüttern!! *(Sie gehen ab.)*

Verkaufsgespräch

Verkäufer (ruft durchs Mikrofon): Außergewöhnliche aktuelle Abverkaufsangebote! Allerlei äußerst attraktive Aktionen!

Männlicher jugendlicher Kunde: Brauche Beratung, bitte! Benötige besonders Beeindruckendes bzw. Beachtenswertes!

Verkäufer: Chinesische CD, Computerspiele?

Kunde: Danke, die Dame dämmert dann dauernd dahin.

Verkäufer: Eventuell ein erotisches Elektrospielzeug?

Kunde: Fraglos fatal für frustrierte 85-jährige Frau!

Verkäufer (grinst): Genau genommen – Großmutters Glückstag! Grillt Großmutter gerne? Günstige Griller gibt's!

Kunde: Hinfällig, hat hausgemachte Horror-Heimkost!

Verkäufer: Igitt! Irgendeine Infrarotkabine ist immer ideal, Installation ist in Investition inbegriffen! Interessiert?

Kunde: Ja, Jungbrunnen jederart, jedoch Jubilarin jammert – jedesmal Juckreiz!

Verkäufer (zu sich selbst): Katastrophe! Komplizierter Kunde! Kündige! *(Zum Kunden:)* Kauf kurzerhand kleine Kamera! Konzentrieren, kurz klicken – kinderleicht!

Kunde (winkt ab): Lediglich langweiliger Luxus – lieber lästigen Ladenhüter!

Verkäufer: Mensch, Mann! – Moment mal! Möglicherweise mag merkwürdige Mittachtzigerin moderne Musik?

Kunde: Natürlich nicht! Negiert nur nebensächliche Neuheiten!

Verkäufer: Oje! Offenbar opponiert Oma ordentlich! *(Zynisch zählt er auf:)* Ozonfußbad, Ölgemälde, Ohrringe, Orchideen, Obstkorb, Opium? – Originell, oder?

Kunde: Problematisch! Preiswertes Präsent passt prima!

Verkäufer (zu sich): Quälgeist! *(Zum Kunden:)* Quarzlampe, Quarzuhr? – Qualitätsware!

Kunde: Reizlose Restposten! Resigniere!

Verkäufer: Soso, Sie Spaßverderber! Suchen Sie sich selbst seltenes sensationelles Supergeschenk!

Kunde (Sein Handy läutet): Tschuldigung, Telefon! *(Lauscht.)* Tatsächlich? Tot? Tragisch! – Trauerfeier? – Tröstlich! – Testament? – Toll! – Tschüs!

Verkäufer: Und? Übertrieben übermütig? Universalerbe?

Kunde (freudig): Vormittag verstorben! Vererbt viel! – Vorwärts! Vermögen verjubeln! Verschiedene verrückte Verbrauchsartikel vorführen!?

Verkäufer: Wirklich wunderbar! Welcherart? Wellnessprodukte, Wohnzimmereinrichtung, Waschmaschinen, Wäschetrockner, Wasserbetten, Wildseidendecken, Waffen?

Kunde: X-beliebig!

Verkäufer: Yes! Yippee!

Kunde: Zusammenpacken: zahlreiche Zweiersofas, Zimmerzierbrunnen, Zimmerpflanzen, zweckmäßiges Zubehör zur Zahnpflege, Zehennagelscheren, Zangen, Zimmerantennen, zulctzt 20 zweiteilige Zivilanzüge! Zahle zeitgerecht, Zulieferung ziemlich zügig zum Zuchthaus!

Geistliche

(Ein moderner Gebetsdialog)

(Zwei Geistliche stehen vor dem Altar, blicken hinauf zum Kreuz und sprechen mit salbungsvoller Stimme:)

G 1:Ave, Allgegenwärtiger, Allwissender, Allmächtiger! Anhöre alle andächtigen Anwesenden, aber auch alle ausgetretenen Abwesenden!

G 2:Bitte beschütze bitter Büßende bestmöglich!

G 1:Christus, checke chaotische Christenheit!

G 2:Danach dezimiere die diabolischen Dämonen!

G 1:Erlöse ebenfalls ewig erregte Exkommunizierte! Erbitte etwas Erbarmen!

G 2:Führe frevlerische Feinde fort fürs flammende Fegefeuer!

G 1:Gütiger, gnädiger Gott! Gib glaubenslosen Geschöpfen geistige Glückseligkeit!

G 2:Heiliger Himmel handle! Herr, hilf! Heile hemmungslose Homosexuelle!

G 1:Illuminiere isolierte Irregeleitete in ihrem Inneren!

G 2:Jenseitiger Jesus, jage jämmerliche Jasager jederart!

G 1:Kruzifix! Kämpfe kontra kontinuierliche katholische Kirchenaustritte!

G 2:Liefere loyale Lösungen! Lass liebeshungrige Leidende los, lies lasterhaften Lügnern lange Leviten!

G 1:Mutter Maria, mach meine müde Manneskraft mobil!

G 2: Nette Neuigkeit! Nebenan nächtigt neue niedliche Novizin namens Notburga!

G 1: Oje! Omnipräsente Oberin Ortwina observiert ordentlich!

G 2: Papst Pius prophezeit posthume Pein!

G 1: Qualvolle Quarantäne!

G 2: Religiöser Reichsrepräsentant! Reformiere reizlosen Religionsunterricht, respektiere reizvolle Rundungen!

G 1: Schöpfer strahlender Sonnen, schicksalhafter Sterne, stürmischer Seen! Segne strenggläubige Sündige, sittsame Schuldige, scheinheilige Sterbliche, schwache Seelsorger!

G 2: Tröste traurige Theologen, therapiere triebhafte Theoretiker!

G 1: Überlasse uns unser unendliches Universum und übergib uns Unverheirateten überirdische Urkräfte!

G 2: Verehrungswürdiger Vater! Vergib verbotenes Verlangen, vitale Versuchungen, verlockende Völlerei!

G 1: Woraufhin wir willensschwache Wesen was wunderbar Wohlschmeckendes würdigen wollen! Wohlan, was wollen wir wohlverdienterweise wählen?

G 2: Xundes Xelchtes!

G 1: Yorkshirepudding!

G 2: Zuckersüße zungenzergehende Zimtsterne!

G 1: Zuletzt zwischenmenschliche Zerstreuung!

G 2: Zufolge zwanglose zölibatärlose Zukunft!!

Arbeitslose

A *1*: Auch ausgeschlafen?

A *2*: Bestens! Bierchen bechern?

A *1*: Citronenradler!

A *2*: Doch doof, dauernd daheimzusitzen!

A *1*: 1100 Euro erhalten…

A *2*: Fürs Faulenzen!

A *1*: Geld genug! Geht's gut?

A *2*: Hyperaktiv! Habe hochinteressante honorierte Heimarbeit!

A *1*: Irgendwas im Internet?

A *2*: Ja, juristische Jugendberatung!

A *1*: Klar, kluger Kopf! Komplizierte Klagen?

A *2*: Leider! Lauter lästige Lehrer lassen lebendige Lausbuben leibhaftig leiden!

A *1*: Mensch, man muss manchmal mordslustige Mittelschüler massakrieren!

A *2*: Nein, nicht nötig! Nur Nervenberuhigungsmittel nehmen!

A *1*: Oh, öfters ordentliche Ohrfeigen offerieren!

A *2*: Professor, Professor! Pausenlos Probleme provoziert?

A *1(winkt ab)*: Quatsch!

A 2: Reihenweise Rowdys ruhiggestellt? Ruf ruiniert, Rauswurf riskiert? Richtig?

A 1 (nickt): Schonungslos suspendiert! – Selbst? Superschlauer Staatsanwalt? Schmiergeld, Steuerhinterziehung? Schweizer Sparbuch? Stimmt's?

A 2 (nickt ebenfalls, zeigt auf sich): Trunksüchtiger talentierter Trottel – therapiert, tablettensüchtig! Trotzdem – temperamentvoll, topfit!

A 1: Und unsere unumgängliche unsinnige Umschulung überschattet unsere urgemütlichen Urlaubstage! Unvorstellbar!

A 2: Vielleicht von vornherein vorübergehend verschwinden?

A 1: Wieviele Wochen wollen wir wegbleiben?

A 2: X-beliebig!

A 1: Yachtcharter?

A 2: Zuerst zur Zentralbank, zuletzt zum zypriotischen Zweimaster!

Ehepaar in der Krise

(Das Paar hat gerade sein Mittagessen beendet.)

Frau (im Befehlston): Aufgegessen? Auf, auf, Alter! Abräumen, abwaschen!

Mann (ruhig, bedächtig): Behutsam! Bin beim Biertrinken! *(Zu sich:)* Blöde Blunz'n!

Frau : Comicfigur!

Mann: Danke! Dauernd drängst du!

Frau: Esel! Eile, erledige einige Einkäufe! *(Sie schreibt einen Einkaufszettel.)* Erdäpfel, Eier, Erdnüsse, Erbsen, Erdbeeren…

Mann (zu sich): Fürchterlich fauchende Furie! Fortwährend fantasielosen Fraß fressen!

Frau: Geh geschwind, gehorche gefälligst!

Mann: Halt, hysterische Hexe! Habe heute Halsschmerzen!

Frau: Intolerabel, ideenloser Idiot! Ich ignoriere immer irgendwelche Invalide!

Mann: Ja, ja! Jammerschade!

Frau (packt ihn): Komischer Kauz, komm! Koch Kaffee!

Mann: Langsam, lass los! Lauter lästige Launen!

Frau (hält ihm ihren Rücken hin): Mensch, Mann – massier mir mal meine müden Muskeln!

Mann: Nein, nochmals nein, Nervensäge! Nasche noch Nüsse!

Frau: Oberfauler Ochse ohnegleichen! Opponierst ordentlich!

Mann (wird aufgeregter): Punkt! Pause! Peinigst permanent! Protestiere! *(Zündet seine Pfeife an.)* Paffe prima Pfeifchen!

Frau (schnappt die Pfeife): Quatsch, qualmender Quälgeist!

Mann: Ruhe, reizlose Ratte! Rutsch'n Rücken runter!

Frau: Silentium! Stad sein, schnarchender Schmarotzer, sturer Spinner! Sollst spülen, saubermachen, staubsaugen! *(Deutet auf ihren Mann.)* Schont sich stundenlang! *(Hält ihm ihr Glas hin.)* Schnell, Schlückchen Schnaps!

Mann (erhebt sich schwerfällig, dreht seiner Frau den Rücken zu und hantiert herum; Glas klirrt leise. Dann dreht er sich zu ihr um und reicht ihr ein Glas): Trink, Teufelsweib! Tust todsicher toll träumen!

Frau (trinkt): Ui, umwerfender Underberg…und überhaupt… ungewöhnlich überdosiert!?

Mann (grinst): Vielleicht vorher versehentlich vergiftet? – Verzeihung, vielmals!

Frau (aufgeregt): Wie? Was? Wieso? Warum?

Mann: Xanthippe!!

Frau (beginnt zu zittern): Ysoptee!

Mann (winkt ziemlich ruhig ab): Zeitverschwendung! Zerdrückte zuvor zwei Zyankalikapseln! *(Frau fällt vom Stuhl, Mann steht auf.)* Zeit zum Zusammenpacken! *(Er blickt auf seine Armbanduhr.)* Zeitgerecht zur Zugabfahrt! Zielbahnhof – Zürich!

Damenplausch beim Fleischhauer

D1: Ah, ausgesprochen appetitliche Auswahl! Andy akzeptiert am Abend ausschließlich ausgezeichneten Aufschnitt!

D2: Bärli bevorzugt beste Blut- bzw. Bratwurst.

D1 (zur Verkäuferin): 10 centimeterdicke Cervelatscheiben!

D2: Darlingboy döst dauernd daheim dahin. Doch duftet das delikate Dinner dann düst der Dicke daher! *(Zur Verkäuferin:)* 13 dag Dauerwurst! Danke!

D1: Ein esslustiger Einzelgänger! Empfehle einmal einen Ernährungswechsel – ein Erdäpfelpüree, einen Erbseneintopf!

D2 (abwinkend): Fragwürdig! Feinschmecker-Freundchen fordert fuchsteufelswild fortwährend frisches Fleisch, feines Fleisch, fettes Fleisch!

D1: Gefräßig, gelt? Gleichwohl – gut gepflegte, gesunde Gefährten geben großes Glück!

D2: Halt hochgradig heikel! Hauptsache halbwegs hübsch, herzig, haarig, häuslich!

D1: Ist Ihrer intelligent? Irgendwelche Interessen?

D2 (achselzuckend): Ja, jedenfalls jagte jugendlicher Jäger Jungvögel jederart. Jedoch jetzt…

D1: Kastriert? Komplikationen?

D2: Langweiliges Liebesleben, leider! Launischer Lausbub liebt lediglich lauwarme Leckerlis!

*D1 (zur Verkäuferin):*Möchte magere Milzschnitten!

(Zu Dame 2:) Meinem Männchen macht's Mäuschenjagen Mordsspaß!

D2: Natürlich nur nachts, nicht?

D1: Oh, öfters!

D2: Praktisch putzmunterer potenter Partner!

*D1 (nickt bestätigend):*Quasi quietschfidel!

D2: Reinrassiger Ricky residiert ruhig, richtig repräsentativ!

D1: Stundenlang süßen Schmusekerl streicheln stimuliert Stressabbau, spendet Seligkeit, schafft Superstimmung! Stimmt's?

D2: Tatsächlich! Treue Tiere teilen Trauer, trösten, therapieren!

D1: Und unterhalten uns unentwegt!

D2: Verständnisvolle Vierbeiner verwöhnen –

D1: Werden wir wohl weiterhin wie wahnsinnig!

D2: X-mal, x-fach!

D1: Yes!

D2: Zurück zur zärtlichen zotteligen Zerstreuung zuhause!

Im Aufenthaltsraum eines Seniorenheimes

Pfleger Tobias (klatscht in die Hände): Alle aufmerksam aufgepasst! Alzheimertest! Also – Arme ausstrecken, ausatmen!

Mann 1 (im Rollstuhl): Beine bewegen? Bin bisschen benebelt!

Tobias: Courage, Comicfigur!

Mann 2 (zu 1): Du Dickschädel! Da, Daumen drücken! – Durst!!

Tobias: Entkrampft euch erst einmal! Entspannen! Einatmen!

Mann 1: Friere fürchterlich! Fort! Fort!

Frau 1: Grausame Gymnastik! Genug! Grüß Gott! *(Winkt.)*

Mann 2: Hilfe! Hallo, herhören! Hunger!

Mann 3: Irgendeine interessante Illustrierte! Immer informiert, irrsinnig intelligent!

Tobias (zu sich): Ja, ja, Jugenderinnerungen! Jedoch jetzt? Jammerschade!

Mann 2 zu 3: Klugscheißer! *(Zur Frau 2 neben ihm:)* Komm, kleines Küsschen! Kuscheln!

Frau 2: Lass los, Lüstling! – *(Singt:)* Lustig, lustig, lalala!

Tobias (zu sich, während er das Essen austeilt): Mordsbande! Macht mich manchmal maßlos müde! *(Zu allen:)* Mittagessen! Mahlzeit!

Frau 1: Nein, nur Nachtisch naschen! Niederlegen!

Mann 1: Oh, oje! Ordentliches Ohrenweh !!

Mann 2: Piff, paff, puff! Pfleger, Popo putzen!

Tobias: Quatsch, Quälgeist!

Mann 3: Ruhe! Rätselheft rüberreichen! Ringel, Ringelreiha…

Frau 2: Summ, summ! Simsalabim! Schwuppdiwupp!

(Währenddessen sinkt Pfleger Tobias ohnmächtig zu Boden.)

Mann 1 (erhebt sich problemlos aus dem Rollstuhl und beugt sich über Tobias): Tobias total teilnahmslos! Tobias tot? – Tatsächlich!

(Alle beugen sich über Pfleger Tobias.)

Frau 1 (sehr eifrig): Ui, unangenehm! Ungesund überanstrengt, überhaupt überarbeitet! Unfolgsam! Unartiger Unglücksrabe!

Mann 3: Verfrüht verstorben! Verrückt! Vielleicht Verstand verloren? Vorschlag – verschwinden??

Frau 2 (zeigt auf Mann 2): Wer wechselt weiterhin Walters Windeln, wenn wir weggehen??

Mann 1: Xenia! Xunde Xellschaftsdame!

Frau 1: Yes!!

Männer 1 und 3 (heben Tobias hoch): Zielstrebig zusammen zum Zentralfriedhof!

Frauen 1 und 2: Zicke, zacke, zicke, zacke – zur Zapfenstreichzeremonie!!

Drei kuriose Kurzdialoge
(Wer sind wohl die Gesprächspartner?)

Abrakadabra! – Blitzgneißer! – Comicfigur! –
Drahdiwaberl! – Eierschwammerl! – Futschigato! –
Gschistigschasti! – Hokuspokus! – Igittigitt! – Jöö! –
Krixikraxi! – Lirumlarum-Löffelstiel! – Mischmasch! –
Nackerpatzi! – Ormutschkerl! – Papperlapapp! –
Quadratlatschen! – Ruckizucki!– Simsalabim! –
Traummännlein! – Uijegerl! – Vollkoffer! –
Wischiwaschi! – Xxx-Xandl! – Ypps! – Zwutschkerl!

Auto! – Brumm, brumm! – Citroen? – Dauernd defekt! –
Einen exklusiveren? – Feuerroten Ferrari! – Geil! –
Hochexplosiv! – Indiskutabel! – Jaguar? –
Klasse! – Leider Luxus! – Mercedes? – Nissan! –
Oder Opel? – Porsche! – Quatsch! – Renault? –
Super! – Trotzdem teuer! – Unter Umständen…– VW? –
Welchen? – X-large! – Yes! Yellow! –
Zuvor zumindest zwei Zweiräder!

Altersbeschwerden? – Beinschmerzen! – Cholesterin! –
Diabetes! – Ekzeme! – Fettleber! – Gallensteine! –
Hämorrhoiden! – Inkontinenz! – Juckreiz! – Krampfadern! –
Leistenbruch! – Magenschmerzen! – Nervenleiden! –
Ohrensausen! – Prostataprobleme! – Quaddeln! – Rheuma! –
Sodbrennen! – Thrombosegefahr! – Unlustgefühle! –
Venenentzündung! – Warzen! – X-Beine! – Yoga? –
Zeitvergeudung! Zeitsparend Zyankali zerbeißen!

5. Teil

Weise Worte

Satirisch-humoristische Betrachtungsweisen
allgemeiner Lebenssituationen,
die aber doch zum Nachdenken anregen sollen.

Abendidylle

Abends
bequem bei
Champagner
daheim
entspannt
Freizeit
genießen
harmonisch
innehalten
Jasminduft
kuscheln
Lichtblicke
Melodien
Nachtisch
Obsttorte
philosophieren
Querlage
Ruhe
selige
Träume
unbeschwert
vergnügt
wohltuende
Xylofonklänge
Yoga
zufrieden

Badefreuden

Am Anfang ausziehen
beim bitterkalten Badesee.
Coca-Cola! Cremen. Clever!
Dann darfst du dich
endlich entspannen, etwas erholen.
Erschreckte Enten entfliehen.
Faulenzen. Fad. Friere fürchterlich.
Gemütliche Gelenksgymnastik genügt.
Hyperaktive Hechte hüpfen hoch, haben Hunger!
Idylle im Inland intensiv inhalieren! Innehalten.
Irre Insektenplage ignorieren.
Jäger jagen Jungtiere. Jammerschade!
Kleine Kinder kreischen klatschnass:
„Karpfen knabbern Knöchel, Knie!" – Klasse!
Lästige Lausbuben lärmen, lassen Lebensmittel liegen.
Manche Mitmenschen muss man mitunter meiden.
Nacktbaden? Nein, natürlich nicht. Nur Nüsse naschen.
Obengenannte ordentlich observieren? Okay!
Plötzlicher Pinkeldrang plagt!
Quarzsand qualmt.
Runzlige Rentner reden rege, raunzen rotgesichtig. – Ruhe!
Sandiger Strandaufenthalt! Schwimmen? Spitze Steine!
Scharenweise Schwäne! Schneeweißer Schaum. Sauberer See? –
Trübes Teichwasser! Trinkverbot! Treulose Touristen türmen.
Unglaublich! Urgemütliches Urlaubsparadies! Unvorstellbar!
Vielleicht verhängnisvolles Vollbad vonnöten? Viel Vergnügen!
Vorsicht! Verbandszeug von Vorteil! Verbesserungsvorschläge?
Wir Waldviertler wissen, was wohltut, wenn's wehtut!
Xundheitsbewusste Yogaübungen!
Zeit zum Zusammenpacken!
Zurück zur zwanglosen, zuträglichen Zimmerbadoase zuhause.

Denkanstöße

Du denkst dir, dass dein Dasein dazu dient, dass du dauernd denkst. Dein Denken dominiert deine Daseinsangst, deine Daseinsfreude, deinen Daseinskampf!
Dünne denken, Dicke denken, Dumme denken – doch, doch! Dürftig!
Du denkst dies, du denkst das. Du denkst denkerisch dreinblickend, du denkst desinteressiert, du denkst dominant, diskret, direkt, defekt, depressiv, dilettantisch, dämlich, doppeldeutig!
Du diskutierst – dabei denkst du. Du demonstrierst deine Diplomarbeit. – Das deutet darauf, dass du denkst. Dann darfst du deinen Doktortitel davortragen. – Dafür dankst du deiner Denkerstirn.
Du dekorierst deine Dachterrasse. – Dabei denkst du.
Du döst dahin. – Dennoch denkst du.
Du drohst deinem Dickschädel. – Denkt der ?

Dich durchdringen dauernde Denkanstöße, diese dauernden Denkhilfen, diese dauernden Denkaufgaben – Dominospiele, Damespiele….
Dann diese Denkmuster, die dich dominieren, die Denkfehler, die du durchführst, die Denkzettel, die du duldest, die Denkpausen, die dazwischenfunken! Dieses dauernde Desaster! Dennoch denkst du durchgehend. – Donnerwetter!

Du dinierst diverse Delikatessen. – Denkst du da?
Dann durchströmt dich dieser dunkelrote Dessertwein. – Deshalb denkst du doppelt.
Du drückst dreist deine Dame. Die denkt: „Dieser dämliche Draufgänger!" – Du denkst dir dasselbe.
Dann duftet dein Deodorant. – Die Dame denkt: „Der Dreckskerl, der darf dreimal duschen!" Daraufhin distanzierst du dich.
Dummerweise dominiert die Dame, dressiert dich derart, dass

du doch dreimal duschst, dann – Dalli, dalli! – Denkst du da, du Depp? Dieses Ding da, d....d.....d......d.....

Diesmal denkst du derart durcheinander, dass demzufolge dein dauerhafter Diensteinsatz dein Denkvermögen definitiv degeneriert! Diagnose – destruktiver Dauerstress!
Deshalb dringend durchatmen, durchhalten, davor denken, dazwischen denken, danach denken, – dauernd denken!
Da dämmert's dir, dass das dauernde Denken dein dahineilendes Dasein dermaßen durcheinanderbringt, dass du durchdrehst!
Dann destruiert dunkler Dauerschlaf dein Denken!
Dein denkwürdiges dekoriertes Denkmal dankt dir, demjenigen, der da darunterliegt!

Denke daran!

Facebook findet Freunde

Fix-fertig? Fad? Vielleicht vereinsamt? Frustriert? Verdrossen? Freizeitspaß fehlt völlig? – Versuch Facebook! Facebook verbannt Fadigkeit vollends! Viele finden Facebook fürwahr fabelhaft! Vertrau Facebook – vergiss Fadigkeit! Vorwärts! Viel Vergnügen!

Facebook funktioniert fraglos fantastisch: Facebook findet Freunde, Verwandte, Verschollene, Vierbeiner, verbindet Verliebte, vereint ferne Völker, Fremde, Feinde, Verrückte.
Facebook verkündet Veranstaltungen verschiedenster Vereine, fördert Flirts, verbreitet familiäre Verhältnisse, verspricht Freiheit, Fröhlichkeit, viele Vorteile.
Flink vernetzt, vertraulich verlinkt. Fein! Vortrefflich! Fadigkeit flugs vorbei!
Folglich fleißig Facebook verwalten: frühmorgens, vormittags, viertelstündlich, – fortwährend verbunden!

Vorsicht, verehrte facebookvernarrte Freunde! Fortwährende Facebook-Verbindungen verursachen folgenschwere Verhaltensstörungen, vielzählige Verfallserscheinungen: verformte Finger, verkrüppelte Füße, verquollene Froschaugen, verwirrte Fantasien, verlorenen Verstand!
Viel Freizeit für Facebook verschwenden fördert Verdauungsbeschwerden! Verflixt! Fast Food futtern völlig vergessen! Verhungert, verdurstet, vorzeitig vom vielen Facebooksurfen verstorben! Fürwahr fatal für Facebookfanatiker! Verhängnisvolles, fragwürdiges Vergnügen! Furchtbar!
Folglich Facebook vorsorglich vernünftig verwenden!

Verstorbene fanatische Facebookfreunde – findet Frieden!

Hoffen hilft!

Hallo, hochverehrte Herrschaften! Heutzutage haben Hoffnungen Hochsaison.

Hunderttausende Hoffnungslose humaner Herkunft haben haufenweise haarig herbeigezogene Hoffnungsschimmer:

Herumirrende Heimreisende haben Hoffnung, heil heimzukommen. – Hochfliegender Hubschrauber hilft!

Hobby-Heimwerker hoffen händeringend, herkömmliche Handgriffe halbwegs hinzubekommen. – Hauruck! – Hilfe! Herabfallende Hausteile!

Helden haben Hoffnung, hartnäckige Heidenängste hochprozentig hinunterzuspülen. – Heiliger Himmel!

Herumnörgelnde Hyperaktive haben Hoffnung, hoch hinauszukommen. – Hundertmal Hoch!

Halluzinierende Halbidioten haben hartnäckige Hirngespinste. – Hoffentlich hilft hypermoderne Heilanstalt. – Himmelfahrtskommando!

Heiratsschwindelnde Halunken hoffen, Hochkarätiges herauszuholen. – Hurra!

Hoffnungsvolle Hochzeitspaare halten Händchen. – Hinterher hoffnungslos hereingelegt. – Hereingefallen!

Heuchelnde Herrgottanbeter haben Hoffnung hinsichtlich himmlischer Heiligsprechung. – Herrgott, hilf! – Himmelschreiend!

Hochwürden hat hoffentlich herrgöttlichen Heiligenschein. – Halleluja!

Homosexuelle haben hoffentlich Heilungschancen. – Hinterher: Herrje! Hetero!

Hungrige Heurigenbesucher haben hoffentlich herzhafte Hochgenüsse! – Hervorragend!

Hungernde Hausfrauen haben heimliche Hoffnungen hinsichtlich heißblütiger Hausfreunde. – Hochspannung!

Hitzige Hengste hoffen, hochexplosive Höchstleistungen hervorzubringen. Heiß-hungrige Häschen hoppeln hoffnungsvoll hinterher. – Hoffentlich hilft's!
Herbert hat höllischen Husten. Hansi hat häufigen Harndrang. Hermine hat hochgradige Hormonprobleme. – Helfen homöopathische Heilmittel? Hoffentlich hundertprozentig harmlos! Hoffen hilft!
Hunderttausende Hoffnungssuchende horten haufenweise Hoffnungen!

Habe hier hoffnungslos hirnlosen Humbug herumgequatscht. Hoffentlich hast heute Humor! Hoho! Hihi!
Hauptsache – heftig hoffen! Hoffen hilft hoffentlich! Hoffnungslos hoffnungsvoll!

Hoffen hat Hochsaison!

Im Irrgarten

Irgendein Individuum irrt immer irgendwo im Irrgarten. Indirekt immer ich, ich Idiot!

Im Inneren ist immerfort irgendetwas irrsinnig irritierend: Intensive Insektenplage, imaginäre Igel, irreführende Informationen, irreale Impressionen, intolerable Imitate, illusorische Ideen, instabile Interimslösungen, inakzeptable Insidertipps, illegale Irritationen. Infektionsgefahr!

Immer ignoriere ich instinktiv irritiert indiskrete Idealisten, ideenreiche Irrläufer, impertinente Intriganten, inkompetente Improvisatoren, infame Investoren. Ihresgleichen inaktivieren immer inkognito, indiszipliniert, impulsiv, ironisch, illoyal, idiotensichere Irrgartenausgänge, insbesondere infantile, invalide, instabile Individuen informativ irreführend.

Infolgedessen – immer ich isoliert, immobil, im idyllischen, immergrünen illuminierten Irrgarten, im Irrglauben, irregelaufen, irregeführt, irrenhausreif – irre! Inhaftiert im inneren Ich!

Irgendein innovativer Imbiss ist immerhin inkludiert.

Liebe

Anspruchslose Aufmerksamkeit
Beglückendes Beisammensein
Couragierte Chance
Dauerhafte Daseinsfreude
Einfühlsames Entgegenkommen
Fortwährende Freundschaft
Greifbares Glück
Herzliche Harmonie
Intensives Interesse
Jahrelanger Jungbrunnen
Konstante Kraft
Lebendige Leidenschaft
Motivierendes Mitgefühl
Natürliche Nestwärme
Offenherzige Opferbereitschaft
Positive Partnerschaft
Quicklebendige Quelle
Realisierter Respekt
Sehnsuchtsvolle Seligkeit
Täglicher Trost
Unergründliche Unersetzlichkeit
Verlässliches Vertrauen
Wunderbare Wohltat
X-faches Yo-Yospiel
Zärtliche Zuflucht

Lebensbaum

Am Anfang aufrecht aufstrebend.
Besonders beachtenswertes Bäumchen blüht bald!
Cremefarbene
Dolden duften daraufhin!
Endlich ein erfreuliches Ereignis!
Fruchtbarem Frühling folgen fröhliche Feste.
Gewissenhaft gründlich gegossen,
hoffnungsvoll, himmelwärts hoch heranwachsend!
Immer ist irgendeine Insektenplage irritierend,
jahrein, jahraus.
Kleine Käfer knabbern kontinuierlich.
Lästige Läuse loswerden
muss man mittlerweile mühsam!
Nebelige Novemberkälte naht!
Orkanartige Ostwinde
pfeifen pausenlos, positive Periode plötzlich passé!
Querfeldein quillt quecksilberhaltiges Quellwasser.
Ruiniert rasch, rigoros, rettungslos, reine Regionen.
Stolzer, sensibler Stamm splittert schließlich schnell.
Traurig! Torschlusspanik!
Umschneiden – unübersehbar unumgänglich!
Vielzählige Verfallserscheinungen
vermindern vormalige Vitalität.
Wurmstichig, welk, wehrlos, wurzellos weggeschleift.
X-mal –
You'll yell!
Zuletzt – zerhackt, zerschnitten, zersägt, zerstört.

Morgen, morgen…

Morgens möchte man munter mancherlei machen, möglichst mehreres, – maximale Meisterleistungen!

Man möchte mähen, malen, marschieren, miserable Momente meiden, motiviert mitarbeiten, Meetings modernisieren, machtgierige Machenschaften modifizieren, mürrische Mitmenschen meuchelmorden, Mobiliar modernisieren, Muskelmänner magnetisieren.

Man möchte manchen Mordsspaß, manche Mordsgaudi! Macht man's möglich? Mitnichten! Mittags mampft man mordshungrig mehrgängiges mundendes Menü. Mahlzeit! Möglicherweise mordsmüde macht man manch märchenhaftes Mittagsschläfchen.

Magisch modifiziert murmelt man mittlerweile mit mürrischer Miene, motivationslos, missmutig: „Mist! Migräne! Magenverstimmung!" Mehrheitliches Malheur!

Man meckert, murrt, mogelt, meutert, macht Mitmenschen mies, manches missglückt, man missfällt – Missverständnisse, Minderwertigkeitskomplexe, Midlifecrisis machen's möglich.

Mutlos missachtet man mannigfaltige Möglichkeiten, mancherlei macht man mühevoll, melancholisch, matt, mit merklichem Mindesteinsatz. Man meint monoton: „Machma's morgen!"

Morgen?

Mensch Meier! Morgen muss man mucksmäuschenstill, mausetot, merkwürdigen mehrjährigen Mittagsschlaf machen!

Memento mori!
(Mittelalterliches Mönchslatein)

Nächtliches Nachdenken

Nächtlich niedergelegt, nächtigen niedergeschlagene Nerven-bündel, neunmalkluge Nachtmenschen, nächtelang nur nach-denkend.

Nachdenkerei – natürlich notwendig, natürlich normal! Nur nachts? Nein, natürlich nicht! Nächtliches Nachdenken nervt nachweislich nonstop! Nichtsdestotrotz nützt natürlich nichts.

Negatives Nachdenken nichtbeachten nützt nichts. Nahrhaftes Nachtmahl nützt nichts.

Nachtwandeln nützt nichts. Nougatschokolade naschen nützt nichts. Nichts naschen nützt niemals! Nusslikör nippen nützt nichts. Nichts nützt. Nur Nachtruhe notwendig – nicht nächt-liches Nachdenken!

Niesen nützt nichts. Nörgeln nützt nichts. Nachtfalter nach-gucken nützt nichts. Neuer Nachbarin nachtschwarzes Negligé nützt nichts – nötigt nur neugierig nachzudenken! Nächtelang! Nicht Notiz nehmen nützt nichts.

Nötige Notdurft nützt nichts. Nette Neuigkeiten nützen nichts. Nebenbei Notebooknachrichten nachschauen nützt nichts. Nachtgebete, Nachtmusik, Nachtkühle nützen nichts.

Nur nimmermüde nachdenken, nachdenken! Nichts Normales nützt!

Nur Nervenberuhigungsmittel – nicht nachgedacht nehmen – nützen noch. Notfalls nützt Narkose! Nun nervt nächtliches Nachdenken nimmermehr!

Nein, nicht nachahmenswert! Narkotisierende Nebenwirkungen nötigen nüchterne Narren nachher noch nachdenklicher nachzu-denken, nachzudenken, nachzudenken…

Narrenhaus!

Wandertag

Wolkenloses Wetter! Wandern wäre wirklich wünschenswert! Welchen Weg wählen wir? Wohin wandern wir? Westwärts? Weit weg? Wichtig – Wasserflasche, Wanderproviant, wasserdichte Windjacke, warme Wollsocken! Wohlan! Wollen wir?

Wohlgemut, wieselflink, wagemutig wandern wir westlich, waldwärts. Windstille, wohlige Wärme, wohlriechende, würzige Waldesluft, wildromantische Wasserfälle, wild wachsende Waldbeeren wohlgefällig wahrnehmend, wandern wir wunschlos weiter. Wunderbares Wohlgefühl! Welche Wohltat! Welche Wonne!

Währenddessen wachsen weiße Wölkchen, werden wahre Wolkentürme! Windig wird's! Wohl Warnsignale! Womöglich Wetterumschwung? Wacker wandern wir weiter.
Weitläufiger Weidezaun wackelt – Warnung: Wütende Widder, widerspenstige Wiederkäuer! Woraufhin wir Wehrlose wohlweislich weglaufen.
Weiterer Wermutstropfen – Wespenstich! Wehweh! Wespenstich weggedrängt, wächst wahnsinniger Wolfshunger! Wirkungslose Wegzehrung – Weichkäse, Weintrauben, Wassermelone? Wir würgen. Wir wollen was Wohlschmeckenderes, wie Weißwürste, Weizenbier, würzige Wildgerichte! Wetterfestes Wirtshaus wäre wahrhaftig willkommen!
Wieder wandern wir weiter – wortlos, widerwillig, wachsam. Widrige Windböen wehen, Waldbäume wanken. Wolkenbruch! Weltuntergangsstimmung!
Wurzelstöcke, worüber wir weiterstolpern, Wildbäche, wodurch wir waten, Wildrosen wuchern wirr, wovon wir wunde Waden wegkriegen.
Welcher Wahnsinn! Welches Wagnis! Willkürlich wünschten wir, wir würden wenden! Wirklich wahr!

Windschiefes, wurmstichiges Wartehäuschen winkt! Wenigstens was! Wir warten ....Weinbrand würde wunderbar wärmen! Wetterbesserung! Woraufhin wir wieder wackelig weiterwatscheln. Wir – wandernde Wracks – wehklagen, weil „wirbellose" Wirbelsäule wehtut, wir wimmern, weil Wanderschuhe wetzen. Wundgelaufen wanken wir, weil Wadenkrämpfe wiederkehren.

Willkommene Wanderlust – wie weggeblasen! Welcher Wandel! Wir wurschteln weiter, werkeln weiter, werden widerspruchslos weitergeschubst. Wir wetteifern, wer weitergeht, wer weiterlebt...

Wumm! Wir werden wachgerüttelt. – Waren wir weggetreten? War wahnsinnige Wanderung wahrscheinlich witzlose Wahnvorstellung, wegweisender Wachtraum?

Wie wird's weitergehen?

Wenn's Wetter wieder warm wird, – wir wiederbelebt –, werden wir wieder widerstandslos weitere Wandertage wagen.

Wirklich? Worauf warten wir?

Waldviertler Wunderwelt

Aussichtswarten, Antiquitäten, Angeln, Artenschutz
Arbesbach, Altenburg, Artstetten

Bauernmärkte, Bioprodukte, Bierbrauereien, Badeseen,
Bootsverleih, Burgen, Birkenhaine
Blockheide, Bärnkopf

Campingplätze

Dörfer, Dampfloks, Destillerien
Drosendorf, Dobersberg

Erholungszentren, Erlebniswelten, Eislaufplätze
Eisgarn, Eggenburg

Freizeitparks, Freibäder, Felsformationen
Friedersbach

Genussregion, Golfplätze, Galerien, Glaskunst, Grenzübergänge
Gmünd, Groß Gerungs, Grafenegg, Geras, Gars, Gutenbrunn

Handwerkskunst, Hochmoor, Heilkräuter, Heimatmuseen
Harbach, Heidenreichstein, Horn, Heldenberg, Hardegg

Informationsstellen, Inlineskateplätze

Jagdgründe, Jungbrunnen
Jauerling, Jaidhof

Kräutergärten, Käsemacher, Kurorte, Kunsthandwerk
Karlstein, Krumau, Kamp, Kunstmeile Krems

Landschaftsidylle, Lehrpfade, Langlaufloipen
Litschau, Langenlois, Lichtenau

Mohnfelder, Moorheilbäder, Minigolf, Mineralien
Mandelstein, Martinsberg, Maissau

Nostalgie, Nordwald, Naturparks
Nebelstein, Nagelberg

Ortsbräuche
Ottenschlag, Ottenstein

Pferdekutschenfahrten
Pöggstall, Pernegg, Pölla

Quellen, Quarzkristalle, Qualitätsweine

Radfahren, Reiten, Ruinen
Renaissanceschloss Rosenburg, Rosenau
Rappottenstein, Raabs, Riegersburg

Stifte, Schlösser, Schilifte, Schifffahrt, Schmalspurbahn
Schwarzenau, Schrems, Schaugärten Schiltern, Spitz

Teiche, Tennis, Theater, Textilmuseen
Thayatal, Traunstein

Uhrenmuseum, Urkraft
Unserfrau, Unterweißenbach

Veranstaltungen, Vereine
Vitis

Wälder, Wanderwege, Wackelsteine, Wildschweine
Wasserbüffel, Whisky, Wirtshausschmankerl, Wellnessoasen
Weitra, Waidhofen, Weltkulturerbe Wachau

Xundheitswelt, Xundheitsparadies

Ysperklamm, Yspertal

Zugfahrten, Zistensienserstift Zwettl
Zukunftsreiches Zauberland!

Die Autorin

Mag. Martina Lukits-Wally, geb. 1956, lebt in ihrer Heimat-stadt Gmünd in Niederösterreich. Sie studierte Englisch und Russisch für das Lehramt an Höheren Schulen, übte ihren Beruf als Lehrerin aber nur einige Jahre aus.

Schon seit Jahrzehnten widmet sie sich ihrem künstlerischen Schaffen als Malerin und Buchautorin. www.lukits.at

Bereits in den 1980-er Jahren wurden etliche ihrer Gedichte in NÖ.-Zeitschriften veröffentlicht. Seitdem hat sie drei Lyrik-bände publiziert, weiters Gedichte und Prosatexte in Antho-logien unterschiedlicher Verlage und folgende Bücher im Verlag Berger & Söhne:

2011: 1. Auflage vom vorliegenden Buch „Schnappschüsse superspezial"

2013: „Lolo, der Papagei": Eine realistische Kindergeschichte, die in kleinen Episoden die Erlebnisse eines 10-jährigen Jungen mit seinem Papagei erzählt.

2014: „Das Tor zur Vergangenheit": Schicksalhafte Erzäh-lungen, berührende Lebensbilder, nach wahren Begebenheiten aus dem Umfeld der Autorin.

2017: „Höllische Himmelfahrten": Kuriose Kurzkrimis von A bis Z, die außergewöhnlich anders als alle anderen sind.